SPieLeRiSCH
LERNEN **2**
Kreative Ideen für Eltern

Die Autorin:

Xenia Frenkel arbeitet seit ihrem Studium der Literatur- und Theaterwissenschaften sowie der Philosophie als freie Journalistin in München. Sie schreibt regelmäßig u.a. für die Zeitschriften *Eltern* und *Eltern for family* und hat mehrere Bücher mit dem Schwerpunkt Kinder und Erziehung veröffentlicht. Sie ist Mutter von 4 Kindern.

Für unsere Tochter Maximiliane Frizzi

„Wenn man ein Individuum so behandelt, als wäre es das, was es sein sollte und könnte, so wird es das werden, was es sein sollte und könnte."

J. W. von Goethe

Xenia Frenkel

Fröhlich, stark und ganz schön clever:
So entdeckt Ihr Kleinkind die Welt

Ratgeber & Spielbuch

SPiELERiSCH LERNEN 2
Kreative Ideen für Eltern

■ **Impressum** ■

Leserservice:

Wenn Sie Fragen oder Anregungen zu diesem
Buch haben, schreiben Sie uns an:
TRIAS Verlag
Postfach 301107
D-70451 Stuttgart
oder schicken Sie ein E-mail an:
trias.lektorat@thieme.de

Covergestaltung und Layout: Cyclus · Visuelle
Kommunikation, Stuttgart

Lektorat: Kirsten Sonntag, München

Bildredaktion: Uta Spieldiener, Stuttgart
Korrektorat: Maria Brand

Bildnachweis: Alle Fotos von Heidi Velten,
Leutkirch-Ausnang
Fotos S. 47, 67 : Gerald Klepka, München

Die Deutsche Bibliothek –
CIP-Einheitsaufnahme

Frenkel, Xenia:
Fröhlich, stark und ganz schön clever:
So entdeckt Ihr Kleinkind die Welt : Ratgeber
& Spielbuch / Xenia Frenkel. – Stuttgart :
TRIAS, 1999
   Spielerisch lernen ; 2

**Dieses Buch wurde in neuer deutscher
Rechtschreibung verfasst.**

Gedruckt auf chlorfrei gebleichtem Papier

© 1999 Georg Thieme Verlag
Rüdigerstraße 14, d-70469 Stuttgart
Printed in Germany
Satz: Cyclus · Media Produktion
Druck: Westermann-Druck, Zwickau

ISBN 3-89373-772-3

SPIELERISCH
LERNEN 2
Kreative Ideen für Eltern

12. – 18. Monat

1½ – 2 Jahre

2 – 2½ Jahre

2½ – 3 Jahre

Der Weg in die Welt

Eben noch lag Ihr Baby in Ihren Armen und verfolgte die sanfte Bewegung eines Mobiles oder das Wechselspiel des Sonnenlichtes an der Kinderzimmerwand, und nun erobert es bereits lebhaft seine Umgebung. Es robbt, krabbelt oder versucht die ersten Schritte.

Krabbeln und Laufen, das klappt mit jedem Tag besser

Mit dem 1. Geburtstag ist aus Ihrem Baby ein Kleinkind geworden. Für Eltern beginnt mit dem 2. Lebensjahr eine besonders schöne, erfüllende und turbulente Zeit. Ihr Kind wird zunehmend mobiler, wacher, selbstbestimmter. Es steht am Tor zur Welt, einer Welt, die es in kleinen, stetigen Schritten erobern, entdecken, erforschen will. Diese Welt ist lockend und geheimnisvoll und bietet ihm geradezu unerschöpfliche Anregungen für seinen natürlichen Forscher- und Entdeckertrieb.

Moderne Wissenschaftler wissen, dass im Baby bzw. Kleinkind bereits in den frühen Jahren alle Voraussetzungen für kognitive Leistungen vorhanden sind. Kleinkinder sind tatsächlich Wissenschaftler, die sich durch unermüdliches Üben und Wiederholen die Welt aneignen. Dieses Denken und Lernen läuft natürlich nicht genauso ab wie bei einem Wissenschaftler, der in seinem Forschungslabor oder an seinem Schreibtisch arbeitet, sondern zunächst noch weitgehend unbewusst und intuitiv. Dennoch lässt sich sagen, dass ein Kleinkind sein „Forschungslabor" in seiner unmittelbaren Umgebung findet, d.h. in erster Linie in der Wohnung, im Haus, im Garten.

Ihr Kind lernt die Welt durch Handeln über seine Hände zu be-greifen. Es wird in den folgenden Jahren unermüdlich versuchen, die ihm noch fremdartigen Gegenstände kennen zu lernen und sich die innere Natur der Dinge anzueignen – Dinge, die seine Neugier wecken, die aber auch Scheu, manchmal sogar Angst auslösen können. Doch erlebt Ihr Kind alle die es umgebenden Objekte, ob Sofa oder Kochtopf, ob Teddybär oder Kräutergarten als „Aufforderung, Möglichkeiten und Grenzen der Welt zu erkunden und immer wieder Grenzen zu überschreiten". So beschreibt es die Wissenschaftsjournalistin Barbara Sichtermann in ihrem Buch „Vorsicht Kind".

Das Kind sammelt Erfahrungswissen und wächst zunehmend in die Nachahmung hinein. Es beginnt, in erster Linie seine Eltern oder ein Haustier zu imitieren, indem es Laute und Verhaltensweisen nachahmt. Was diese Spiele für seine Entwicklung insgesamt bedeuten, wie Sie Ihr Kleinkind dabei begleiten können, erfahren Sie in diesem Buch.

Eltern sind jetzt und in den kommenden Jahren das wichtigste, wertvollste Vorbild für das Kind und zugleich die besten Experten, die es durch liebevolle Unterstützung bei der Entdeckung der Welt begleiten.

Erste Schritte in die Freiheit

Wie schon im 1. Lebensjahr, so braucht Ihr Kind auch jetzt noch Ihre unmittelbare Nähe und Fürsorge, Ihre Liebe und Unterstützung, nunmehr aber auch in erhöhtem Maß Ihre Aufmerksamkeit, um es vor Gefahren zu schützen. Denn selbstständig ist Ihr Kind noch lange nicht, allerdings im höchsten Grade „selbsttätig". Mit den ersten Schritten entfernt es sich bereits für einen Augenblick von der Mutter, will selbstbestimmt Kontakt mit Menschen und Dingen aufnehmen. Doch immer wieder wird es zurückkehren, um in Mamas oder Papas Armen „aufzutanken".

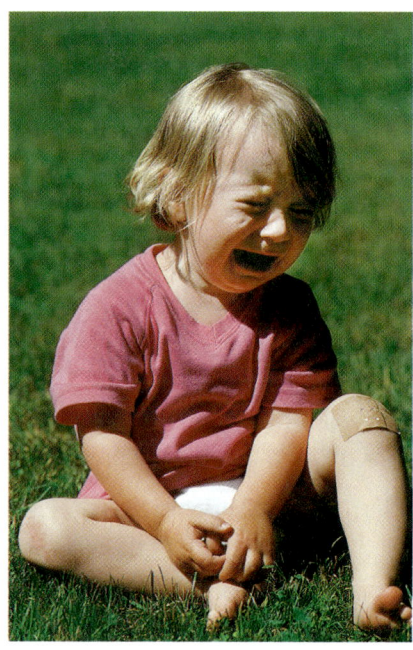

Tränen der Wut, denn nicht immer wollen die Großen, wie sie sollen

Ihr Kind wird nicht nur mit jedem Tag sicherer laufen, sondern auch in die Begriffsbildung und Sprache finden, mehr und mehr Worte und Sätze zunehmend sicher formulieren. Am Ende des 3. Lebensjahres können fast alle Kinder erste zusammenhängende Sätze sprechen.

Zwischen dem 2. und 3. Lebensjahr beginnt die Ich- und Willensbildung – und diese ist für Eltern manchmal durchaus anstrengend. Neben „Mama" und „Papa" ertönt das erste „Nein", ein energisches „Will aber" oder „Will nicht" – es vollzieht sich die bekannte Trotzphase, die von amerikanischen Psychologen nicht ganz unzutreffend „terrible two" genannt wird.

Auch hier möchte Sie dieser Ratgeber begleiten, damit Ihr Kind einerseits die Chance bekommt, sich zu einer freien und autonomen Persönlichkeit zu entwickeln, und Sie als Eltern andererseits genügend Gelassenheit finden, um diese mitunter turbulente Zeit nicht nur als anstrengend zu erleben.

Erste Grenzen setzen

Im 2. und 3. Lebensjahr wird Ihr Kind vermutlich vor Energie und Lebensfreude platzen. Nichts ist mehr vor ihm sicher – weder Sofa noch Tisch oder Regal. Durch intensive Körpererfahrungen, durch Laufen, Klettern, Springen und Hüpfen trainiert ein Kind seine Motorik. Das ist keineswegs nur wichtig im Hinblick auf seine körperliche Beweglichkeit, sondern auch für seine geistige Vitalität, Flexibilität und die Ausbildung seiner intellektuellen und sozialen Kompetenz. Durch Selbsterfahrung bildet sich das Ichbewusstsein, seine Persönlichkeit.

Das Kind wirft sich dem Leben selig in die Arme, manchmal buchstäblich kopfüber. Nicht nur einmal, sondern immer wieder. Neben Liebe und Zärtlichkeit werden Sie in diesen fröhlich-turbulenten Zeiten auch eine Menge Geduld, Gelassenheit und viel Aufmerksamkeit aufbringen müssen. Ihr Kind möchte vieles allein tun, mitunter auch Dinge, die eindeutig gefährlich sind. Durch Ihren Schutz, Ihre Wachsamkeit und Konsequenz erlebt es das erste Mal Grenzen. Das geht natürlich nicht immer ohne energischen Protest seitens Ihres Kindes über die Bühne. Eltern müssen ihrem Kind so viel Freiheit wie möglich lassen und so viele Grenzen wie nötig ziehen. Dazu gehört das Wissen, wann sie ihr Kind auch einmal loslassen dürfen, damit es behutsam erste Erfahrungen mit dem Selbsttun und der Eigenverantwortung machen kann. Bis das funktioniert, werden zwar noch viele Jahre ins Land ziehen, doch jetzt wird die Basis dafür gelegt, wie Ihr Kind einmal mit sich und der Welt zurechtkommt.

Es findet jetzt zum ersten Mal Erziehung statt – eine ebenso bereichernde wie erfüllende Aufgabe, die Eltern aber auch einiges an Selbstbeobachtung und Selbsterziehung abverlangt. Auch dabei möchte Sie dieses Buch unterstützen.

Die Sinne bilden

Unsere fünf Sinne sind das Tor zur Welt. Mit Sehen, Hören, Tasten, Riechen und Schmecken eröffnet sich auf unmittelbare, körperlich spürbare Weise das Wunder des Lebens. Kinder sind noch in einem viel stärkeren Sinn sinnliche Wesen als wir, die wir manchmal mühsam wieder lernen müssen, sinnliche Erfahrungen zu machen und zu genießen. Kinder sind vom Tag ihrer Geburt an existenziell auf Sinneserfahrungen angewiesen. Schon Babys können zwischen süß und sauer unterscheiden, beim Tasten zwischen weichen und rauen Oberflächen differenzieren, die Stimme von Mutter und Vater erkennen. Die Erfahrung seiner Sinne stärkt ein Kind auch emotional. Es erlebt sich im Spiel, beim Laufen, beim Essen auch als Gestalter der Welt. Dabei empfindet ein Kind Genuss, Freude, Stolz – die beste Motivation, um zu lernen.

„Löffelweise" Weltwissen sammeln

Mit zunehmendem Alter lernt nun Ihr Kleinkind die Vielfalt der Wahr-
nehmungen zu vergleichen, zu ordnen und diese Erfahrungen abzuspei-
chern. Es erwacht das so genannte Arbeitsgedächtnis, der für wenige Minuten geöffnete Kurzzeitspeicher, der rationales Denken und planvolles
Handeln ermöglicht.

Im präfrontalen Cortex, dem Stirnlappen der Großhirnrinde, finden ein-
schneidende Veränderungen statt. Um den 12. Lebensmonat sprießen
Nervenäste und -ausläufer, so genannte Dentriden, Synapsen entstehen,
d. h. Stellen, an denen eine Erregung von einem Neuron auf ein anderes
überspringt. Dafür bedarf es jedoch vieler verschiedener Sinnesein-

drücke. Sinneserfahrungen stehen in engem Zusammenhang mit körperlichem Wohlbefinden. Nur wenn sich ein Kind wohl in seiner Haut fühlt, kann es aus den Reizen seiner Umwelt Kraft, Fantasie, Kreativität und nicht zuletzt Glück schöpfen.

Spielend die Welt erobern

Wir wissen zwar heute, dass die genetische Veranlagung im Hinblick auf Verhalten, Begabung und Intelligenz eines Kindes eine große Rolle spielt. Dennoch sind Eltern nicht aus ihrer Rolle als Begleiter, Ansprech- und Spielpartner, als Beschützer und „Lehrer" eines Kindes entlassen. Es wird von Ihnen und Ihrem Vorbild lernen. Die Erfahrungen, die Sie Ihrem Kind beim Spielen, Kuscheln, Pflegen, Spazierengehen mitgeben, sind prägend für sein ganzes Leben.

Für Eltern ist es manchmal überraschend festzustellen, dass Spielen mit Kindern etwas völlig anderes ist als der gemeinsame Spielabend mit erwachsenen Freunden – es ist nämlich mitunter ganz schön anstrengend. Für Ihr Kind ist Spielen kein Selbstzweck, sondern oft genug harte Arbeit. Auf den folgenden Seiten werden Sie Anregungen für Spiele und Unternehmungen finden, die

Erste Freundschaftsbande werden geknüpft. Manche halten ein Leben lang

Ihrem Kind im 2. und 3. Lebensjahr Freude machen und es spielend Weltwissen sammeln lassen. Die Anregungen, die in diesem Buch zu finden sind, können auch Eltern vergnügliche Stunden bereiten, wenn sie den tieferen Sinn und die Bedeutung des Spieles für ihr Kind erkennen.

Eltern sind natürlich nicht der einzige Spielpartner ihres Kindes, denn nun entdeckt das Kleine auch andere Kinder als Spielkameraden. Es wird sich für ein Baby, vielleicht ein erstes Geschwisterkind, genauso interessieren und begeistern wie für das Nachbarskind. Der Keim für Kinderfreundschaften wird gelegt, auch wenn das oft genug noch mit heftigen

Raufereien, ja manchmal auch mit Tränen und Wutausbrüchen einhergeht. Mit diesen Erfahrungen macht ein Kind die ersten Schritte vom Ich zum Du und vom Du zum Ich. Es erlernt soziale Kompetenz.

Die körperliche Entwicklung im 2. und 3. Lebensjahr

Mein Körper, mein Leib, das bin Ich! So erfährt es Ihr Kind. Es wächst und streckt sich, wird mit jedem Tag geschickter in der Bewegung. Allmählich verschwinden die weichen, runden „Baby-Pölsterchen" an Gliedmaßen, an Händen und Füßen; sein Gesicht bekommt Konturen. Die körperlichen Veränderungen sind wie ein Sinnbild dafür, dass sich auch seine Persönlichkeit, sein Ich, immer differenzierter ausformt.

Die Welt zu entdecken und zu erkunden, das bedeutet für ein Kind, dass es allmählich lernt, seinen Körper und dessen Funktionen wahrzunehmen und zu kontrollieren. Zwischen 2 und 3 Jahren sitzt es vermutlich das erste Mal auf dem Töpfchen. Zwischen dem 2. und 3. Lebensjahr vervollständigt sich das Milchgebiss. Am Ende des 3. Lebensjahres besitzt es alle 20 Zähne. Mit der Zahnreife machen viele Kleinkinder auch einen großen Sprung in ihrer persönlichen Entwicklung. Sie bekommen buchstäblich Biss – es formt sich mit jedem Tag deutlicher ein Charakter. Ihr Kind wird lernen, mit Ihrer Hilfe seine Zähne zu bürsten und sich zu waschen und damit einen ersten Schritt in die körperliche Selbstverantwortung tun.

Rhythmus und Rituale geben Halt

Was Ihr Kind jetzt braucht, um sich emotional gut zu entwickeln, sind zunehmend Rhythmus, Rituale und Formen. Sie geben ihm inneren Halt, sind ihm Orientierung in einer unüberschaubaren und manchmal auch beunruhigenden, bedrohlichen Welt. Wir wissen, dass uns verlässlich wiederkehrende Rituale und Formen von den Anstrengungen des Alltags entlasten und entspannen. Unseren Kindern geht es genauso.

Rituale sind eng mit körperlichen und emotionalen Bedürfnissen verbunden – mit Zeiten für Essen, Schlafen und Ruhen, fürs Kuscheln, Spielen und Toben. Rituale sind jedoch nicht etwas Äußerliches, etwas, das

einem Kind aufgezwungen werden darf, sondern sie bilden sich im Zusammenspiel, im Zusammenleben zwischen Eltern und Kind allmählich heran. Eltern formen Rhythmus und Rituale in Abstimmung mit ihrem Kind und seinen Bedürfnissen. Sie sind dafür zuständig, dass sich ihr Kind darauf verlassen kann und dabei Entspannung und Erholung findet. Wann, wie viel und wo es schläft, wann und was es isst, ist entscheidend für sein körperliches und seelisches Wohlbefinden, dafür, wie viel Energie und Neugier es freisetzen kann, die sich dann auch auf seine geistige Entwicklung positiv auswirken.

Vielen Eltern fällt es heutzutage schwer, an Rhythmen festzuhalten in einer Welt, die kaum noch Regeln und Gesetzmäßigkeiten vorgibt und uns oft ein Höchstmaß an Flexibilität und Mobilität abverlangt. Dennoch – oder gerade deshalb – tut es uns gut, dass uns ein Kind in gewisser Weise mit seinen Bedürfnissen einen bestimmten Rhythmus auferlegt: weil es seinen Mittagsschlaf braucht, obwohl die Sonne scheint, Schwimmbad und Park locken oder die beste Freundin angerufen hat. Versuchen Sie nach Möglichkeit, diesem „Zwang" auch seine positiven Seiten abzugewinnen und zu erkennen, dass Ihr Kind diesen Halt braucht. Rituale können Verhaltens- und Essstörungen entgegenwirken und sind, wie man heute weiß, sehr wichtig, um ein Kind vor Süchten und Abhängigkeiten zu schützen. Dieses Buch möchte Ihnen Anregungen geben, wie Sie diese Rituale gestalten können.

Geduld und Gelassenheit

Das konnten Sie bereits bei Ihrem Baby beobachten: Die Entwicklung schreitet nicht gleichmäßig voran. Manchmal gibt es beinahe über Nacht einen regelrechten Entwicklungsschub, dann wieder scheint ein Kind in seiner Entwicklung zu verharren. Ihr Kleinkind wird beim Laufen oder Sprechen Fortschritte machen und hin und wieder auch Rückschritte, um nach kurzer Zeit einen neuen Anlauf zu nehmen.

Geistige, körperliche und seelische Entwicklung lässt sich niemals voneinander trennen. Das Kind ist ein Ganzes und eine einseitige Förderung etwa seiner geistigen Fähigkeiten ist deshalb keinesfalls erstrebenswert. Vertrauen Sie darauf, dass Ihr Kind am besten weiß, was es braucht und was es leisten kann. Der Hirnforscher Professor Wolf Singer sagt, dass das junge Gehirn weiß, welche Informationen es braucht, um seine Fähigkeiten auszubilden; es „fragt" seine Umgebung ganz gezielt danach.

Die wichtigste Fähigkeit, die sich bei Eltern in diesen Monaten und Jahren heranbilden sollte, ist die zu Gelassenheit und Geduld. Vergleichen Sie Ihr Kind nach Möglichkeit nicht mit anderen Kindern, die das eine oder andere schon besonders gut können. Alle Angaben hinsichtlich der Entwicklung eines Kindes, wie sie in diesem Buch beschrieben werden, sind ungefähre Anhaltspunkte.

Entwicklungsstörungen erkennen

Nicht nur bei der ganzheitlichen Begleitung und Förderung Ihres Kindes möchte Ihnen dieses Buch helfen, sondern auch beim Erkennen von Entwicklungsverzögerungen im Bereich Bewegung, Sprache und Sozialverhalten. Je frühzeitiger sie erkannt, desto besser können sie mit fachkundiger Unterstützung behandelt werden. Der wichtigste Ansprechpartner wird jetzt und in den nächsten Jahren Ihr Kinderarzt sein. Nehmen Sie in jedem Fall die angebotenen Untersuchungen zur Früherkennung von Entwicklungsverzögerungen und -störungen wahr. Scheuen Sie sich nicht, Beobachtungen und Sorgen mit Ihrem Kinderarzt zu besprechen. Sie sind der nächste und beste Beobachter Ihres Kindes – Ihr Kinderarzt hingegen verfügt über die notwendige Distanz und das Fachwissen, um zu beurteilen, ob sich Ihr Kind gut entwickelt. Er kann Ihnen sagen, ob Ihre Sorgen gerechtfertigt sind oder nicht. Zusammen sind Sie ein unschlagbares Team, das dafür sorgt, dass Ihr Kind gesund und fröhlich heranwachsen kann. Und das ist die beste Förderung überhaupt.

12. bis 18. Lebensmonat

Die Entdeckung der Welt

Mit jedem Tag neugieriger, mutiger und sicherer schreitet Ihr Kind ins Leben hinaus. Aus Ihrem Baby ist ein Kleinkind geworden, ein Forscher und Entdecker, vor dessen schier unstillbarem Wissensdurst nichts und niemand sicher ist. Eine turbulente Zeit beginnt, die temperamentvollen Kleinen halten ihre Eltern ganz schön auf Trab. Trotz mancher Anstrengung wird es viel zu Lachen und zu Staunen geben. Es beginnt die Nachahmungsphase und Ihr Kind wächst allmählich in die Sprache hinein. An seiner Seite können Sie die Welt noch einmal entdecken.

12. – 18. Monat

Körperliche Entwicklung

Wieselflink und sehr geschickt

Viele Kinder krabbeln jetzt blitzschnell durch die Wohnung, einige sogar schon Treppenstufen hinauf und hinunter, und fast alle Kleinkinder versuchen sich in ersten Schritten. Noch ist dies eine wacklige Angelegenheit, die Schritte sind in Länge und Richtung ungleich. Um den 18. Lebensmonat können einige Kinder jedoch schon recht gut laufen, auch rückwärts gehen und sich bücken, knien und ohne Hilfe hinsetzen.

◆ *Bewegung im Freien: Noch sind Buggy, Kraxe oder Tragetuch unverzichtbar. Selbst wenn Ihr Kind bereits recht sicher auf seinen Beinchen steht, werden Sie sich für einen Einkauf um die Ecke kaum zwei bis drei Stunden Zeit nehmen können – so lange würde es vermutlich dauern, bis 500 Meter zurückgelegt sind. Trotzdem lassen Sie Ihr Kind nun möglichst oft draußen laufen oder krabbeln. Auf Wiesen oder Kinderspielplätzen ist das auch unter Einbeziehung hygienischer Erwägungen ohne weiteres möglich. Bleiben Sie in seiner Nähe, damit es sich den dort oft anzutreffenden Unrat, Zigarettenkippen oder Hundekot, nicht einverleibt. Waschen Sie ihm nach jedem Ausflug gründlich Hände und Gesicht.*

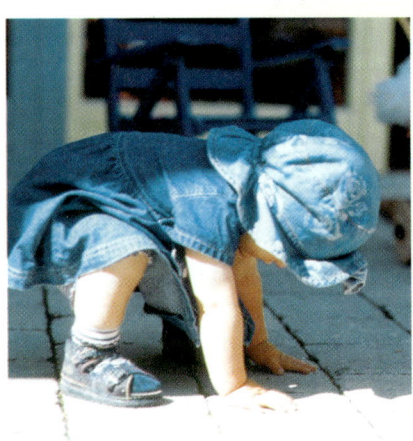

Immer in Bewegung, das schult den Gleichgewichtssinn

Auch die manuelle Geschicklichkeit schreitet rasant voran: Ihr Kleinkind versucht allein mit Händen, Fingern oder mit einem Löffel zu essen. Es kann zwei Gegenstände gleichzeitig festhalten und auf Aufforderung loslassen. Es wirft begeistert mit Klötzen, Nudeln oder Büchern. Es greift schon gezielt zu Löffel und Tasse, liebt aber oft noch seine Flasche am meisten. Das ist auch völlig in Ordnung, sofern es nicht „dauernuckelt". Bald trinkt es aus einem Becher, ohne etwas zu verschütten.

Immer geschickter können Kinder jetzt auch mit kleineren Gegenständen umgehen: mit dicken Knöpfen, Murmeln und Steinen. Passen Sie immer auf, dass Ihr Kind nichts verschluckt. Es wird diese Gegenstände alle noch in den Mund nehmen und darüber wichtige Informationen des Gegenstandes abspeichern. Ebenso gefährlich ist es, wenn sich das Kind Perlen in Ohren, Nase oder Po steckt; erklären Sie ihm, dass es sich damit wehtun kann. Trotzdem ist dieses Bedürfnis ganz normal. Ihr Kind hungert nach Sinneserfahrungen – es möchte sich manchmal die Welt buchstäblich einverleiben.

Jetzt schon und nicht nur bei Jungen beliebt ist „Fußball". Indem Ihr Kind nach einem Ball tritt, übt es seinen Gleichgewichtssinn. Manche sind ganz clever: Sie lehnen sich mit dem Rücken an eine Wand und bekommen dadurch Stabilität und mehr Kraft.

Durch Bewegung im Freien erwirbt Ihr Kind Raumgefühl und Orientierungssinn außerhalb einer fest begrenzten Umgebung. Daneben bekommt ihm auch die frische Luft gut – mit der richtigen Kleidung übrigens bei jedem Wetter. Das gilt natürlich nur, wenn Ihr Kind gesund ist. Leidet Ihr Kind unter Asthma, Heuschnupfen oder Hautallergien, informieren Sie sich bei Ihrem Kinderarzt, wann und wo sich Ihr Kind im Freien aufhalten darf. Ähnliches gilt bei den in unseren Breitengraden leider manchmal hohen Ozonwerten. Viele Kommunen bieten einen telefonischen Dienst an, der über Werte und mögliche Risiken aufklärt.

Krabbeln und Laufen

Die meisten Kinder krabbeln, bevor sie laufen – aber bei weitem nicht alle. Krabbeln ist nicht, wie man früher angenommen hat, eine notwendige Übergangsphase zum Laufen. Knapp 20 Prozent aller Kinder überspringen sie, indem sie diese Phase, wie eine unserer Töchter, wie ein stillvergnügter Buddha einfach aussitzen; manche Kinder entwickeln andere Fortbewegungstechniken wie etwa das Vorwärtsrobben auf dem Po. Zwingen Sie Ihr Kind niemals, sich selbstständig hochzuziehen, frei oder an Ihrer Hand zu laufen. Hat es an manchen Tagen oder momentan noch kein Interesse daran, warten Sie ab – vorausgesetzt, Ihr Kind ist nach Abklärung durch den Kinderarzt gesund. Allerdings dürfen Sie es immer wieder animieren, sich zu bewegen. Rufen Sie seinen Namen aus kurzer Entfernung und strecken Sie die Arme aus.

Sorgen Sie dafür, dass sich Ihr Kind gefahrlos an Möbeln und Gegenständen in der gesamten Wohnung hochziehen kann und sich bei unvermeidlichen Stürzen nicht an scharfen Kanten und Ecken verletzt. Stabile Kindermö-

Ganz ohne Stütze klappt es manchmal noch nicht, sicher zu stehen

◆ *Sicherheit rund um Wohnung, Haus und Garten: Spätestens jetzt sollten Sie Ihre Wohnung, den Balkon und eventuell den Garten kindersicher gemacht haben. Sämtliche Steckdosen, auch solche in Einmeterhöhe, brauchen einen Sicherheitsschutz. Musikanlage, Fernseher, Computer dürfen nicht freistehen, sondern sollten für ein Kleinkind auch mit Stuhl unerreichbar sein und am besten fest eingebaut werden. Es besteht nämlich die Gefahr, dass Ihr Kind an den Kabeln zieht und*

bel, Hocker, Stühlchen, Tisch, können jetzt angeschafft werden und bieten Ihrem Kind herrliche Klettergelegenheiten. Treppen sind ein wunderbarer, aber auch nicht ganz ungefährlicher Ort, um Krabbeln, Laufen und Geschicklichkeit zu üben. Falls Ihr Kind Treppen „kopfüber" bewältigen möchte, drehen Sie es immer wieder so, dass es zuerst mit Füßen und Po, also mit dem Gesicht in Richtung Stufen herunter klettert. Selbst wenn Ihr Kind bereits einmal eine Treppe hinuntergestürzt ist, lassen Sie es weiter üben. Damit trainiert es seinen Orientierungs- und Gleichgewichtssinn und die Koordination seiner Gliedmaßen.

Bis zum 18. Lebensmonat können fast alle Kinder schon recht sicher laufen, sogar rennen und sich, ohne zu fallen, bücken bzw. in die Knie gehen. Dabei trainieren sie unermüdlich Muskeln, Sehnen und Gelenke und werden zunehmend geschickter. Ist Ihrem Kind etwas heruntergefallen, lassen Sie es sich selbst bücken. Wenn nötig, reichen Sie ihm dabei eine Hand.

Je kleiner Ihr Kind ist, desto lieber wird es noch auf den Zehen stehen und gehen. In der jetzigen Entwicklungsphase ist dies völlig

Schlaf und Ruhe

Auch tagsüber braucht Ihr Kind noch zwei bis drei Stunden Schlaf oder Ruhe, um neue Energien zu tanken. Falls es nicht schlafen will, sorgen Sie dennoch mindestens zwei Stunden für Ruhe. Radio, Fernseher und Telefon sollten abgestellt werden – vielleicht sogar die Türklingel. Legen Sie sich zusammen aufs Sofa. Das Bett ist für manches Kind das Signal: „Hilfe, jetzt muss ich schlafen." Sagen Sie: „Ich bin ganz müde, ich kann nur noch ein Lied vorsingen oder eine Geschichte erzählen. Dann will ich kurz nicht mehr reden."

ihm diese Geräte auf den Kopf fallen. Mobel mit scharfen Kanten und Ecken entweder vorübergehend entfernen oder zumindest mit aufklebbaren Schutzpolstern ausstatten. Medikamente, Kosme-

normal, ebenso das Laufen auf der Innenkante. Erst allmählich drehen sich beim Kleinkind die Fersen leicht nach innen und die Zehen leicht nach außen. Die meisten Kinder in diesem Alter bewegen sich besonders gern mithilfe ihres Puppen-Buggys oder eines stabilen, flachen Puppenwagens.

Sich durchbeißen mit den eigenen Zähnen

Am Ende des 1. Lebensjahres sind die 8 Schneidezähne normalerweise komplett vorhanden, die ersten 4 Backenzähne, wenn Ihr Kind 18 Monate alt ist. Obwohl es noch weit bis ins 2. Lebensjahr nicht seine Zähne, sondern den Gaumen zum Essen benutzt, geben Sie ihm jetzt auch feste Nahrung. Dauernuckeln an Schnuller oder Flaschensauger und ausschließlich breiige Kost sind nicht nur problematisch für die Zähne, sondern auch für die Entwicklung seiner kleinen Persönlichkeit. Ihr Kind möchte nämlich ganz gern lernen, sich ein bisschen durchzubeißen. Am besten mithilfe eines 2, 3 Tage alten Brotkanten.

Beginnen Sie jetzt mit der Zahnhygiene. Am besten geeignet ist eine kleine Bürste mit Gummi-

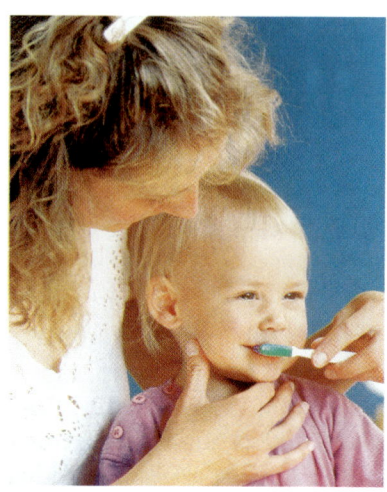

Beim Zähne putzen muss behutsam geholfen werden

tikartikel, Reinigungs- und Waschmittel gehören verschlossen und für Ihr Kind unerreichbar in Schränke. (Steigen Sie bei Putzmitteln am besten auf Essig und flüssige Kernseife um, da diese relativ ungefährlich und überdies ökologisch verträglicher sind.) Teppiche und Läufer brauchen eine rutschfeste Unterlage. Verzichten Sie für die nächste Zeit nach Möglichkeit im Alltag auf Tischdecken. Lassen Sie niemals elektrische Geräte, Bügeleisen, Nähmaschine, Mixer u. Ä. unbeaufsichtigt herumstehen, ebenfalls nicht Zigaretten, Feuerzeug, Streichhölzer oder alkoholische Getränke. Lassen Sie Ihr Kind

noppen. Stellen Sie sich hinter Ihr Kind, und führen Sie behutsam seine Hand. Lassen Sie sich gegebenenfalls vom Zahn- bzw. Kinderarzt zeigen und erklären, wie Milchzähne gepflegt werden müssen. Mit einem ersten Zahnarztbesuch gewöhnt sich Ihr Kind auch schon ein bisschen an die fremde Umgebung und die „komischen" Geräte. Ihr Zahnarzt wird feststellen, ob Milchzähne bereits mit Karies befallen sind – was leider nicht eben selten ist. Karies muss auch schon in diesem Alter behandelt werden, da sonst die Zahnfäule auf den bleibenden Zahn übergeht. Ihr Zahnarzt sieht auch, ob ein Milchzahn nicht angelegt ist. Lücken, auch solche, die durch einen Sturz verursacht wurden, müssen überbrückt werden. Der Zahnarzt schließt sie mit einer Klammer als „Platzhalter" für den kommenden zweiten Zahn. Das ist ein schmerzloser, völlig harmloser Vorgang, den Ihr Kind gut verkraften wird, wenn Sie es dabei vielleicht auf dem Schoß halten.

Worauf Sie achten sollten

Aufmerksam sollten Sie bei folgenden Verhaltensweisen werden: Ihr Kind zeigt keinerlei Interesse

nicht unbeaufsichtigt am Herd oder im Bad spielen. Hier drohen gefährliche Verbrennungen. In manchen Wohnungen kommt das Warmwasser kochend heiß aus der Leitung! Verstauen Sie nach Möglichkeit sämtliche frei liegenden Kabel. Alle Fenster, nicht nur die im Kinderzimmer, brauchen eine Kindersicherung, der Balkon einen vom Fachmann angebrachten Kletterschutz. Verwahren Sie Türschlüssel, damit sich Ihr Kind nicht versehentlich einsperrt. Gartentore sollten so verschlossen sein, dass sie Ihr Kind nicht selbstständig öffnen kann. Regentonnen und selbst flache Gartenteiche müssen kindersicher abge-

Der Puppen-Buggy dient auch als Laufhilfe

23

12. – 18. Monat

So macht Bewegung noch mehr Spaß

Tanz- und Bewegungsspiele

- Ich wollt, ich wär ein Huhn,
- und hätt nicht viel zu tun,
- ich legte jeden Tag ein Ei
- und sonntags auch mal zwei...
  (dabei flattern wie ein Huhn)

- Es tanzt ein Bi-Ba-Butzemann
- in unserm Haus herum widibum.
- Es tanzt ein Bi-Ba-Butzemann
- in unserm Kreis herum.
- Er schüttelt sich und rüttelt sich,
- er wirft sein Säcklein hinter sich ...
- Es tanzt ein Bi-Ba-Butzemann
- in unserm Haus herum.
  (Kreisspiel)

- Ein Männlein steht im Walde,
- ganz still und stumm.
- Es hat vor lauter Purpur ein Mäntlein um.
- Sag, wer mag das Männlein sein,
- das da steht im Wald allein
- mit einem purpurroten Mäntelein?

- Auf unserer Wiese gehet was,
- watet durch die Sümpfe,
- es hat ein schwarz-weiß Röcklein an,
- trägt auch rote Strümpfe,

- fängt die Frösche schnapp, schnapp, schnapp,
- mit dem Schnabel klipperdiklapp?
- Ihr denkt, das ist der Klapperstorch,
- watet durch die Sümpfe,
- hat ein schwarz-weiß Röcklein an,
- trägt auch rote Strümpfe,
- fängt die Frösche schnapp, schnapp, schnapp
- mit dem Schnabel klipperdiklapp,
- nein, das ist Frau Störchin!
  (dabei „staksen" wie ein Storch)

- Ein Elefant wollt' bummeln gehen,
- sich die ganze Welt ansehn.
- Bald ist er nicht mehr allein,
- alles trampelt hinterdrein.
- Langsam setzt er Fuß vor Fuß,
- denn er ist kein Omnibus.
- Und schon singt das ganze Land
- das schöne Lied vom Elefant!
  (dabei bewusst das Gewicht von einem Bein aufs andere verlagern)

- Ich hab gefischt,
- ich hab gefischt,
- ich hab die ganze Nacht gefischt
- und keinen Fisch erwischt ...
- Nur dich!
  (Vers zum Nachlaufen)

daran, zu krabbeln, sich hochzuziehen oder zu laufen, auch nicht, wenn Sie es liebevoll dazu ermuntern. Es wehrt sich und weint, wenn Sie versuchen, es hinzustellen. Ihr Kind kann noch nicht gezielt nach Gegenständen greifen und sie festhalten. Es schielt und/ oder kann mit den Augen nichts fixieren. Es blinzelt häufig, reibt sich oft die Augen oder kneift sie zu und verträgt kein helles Licht. Es leidet unter geröteten oder tränenden Augen. Stellen Sie Ihr Kind einem Augenarzt vor, wenn in Ihrer Familie Sehschwächen bekannt bzw. Brillenträger vorhanden sind.

Achten Sie darauf, dass Ihr Kind richtig hört. Wendet es immer den Kopf in die falsche Richtung, wenn Sie es aus unmittelbarer Nähe rufen? Reagiert es nicht auf Zuruf in normaler Lautstärke, auch dann nicht, wenn kaum Nebengeräusche vorhanden sind, es wach und nicht gerade in ein Spiel vertieft ist? Wenden Sie sich dann unbedingt sofort an Ihren Kinderarzt. Bleibt ein gestörtes Gehör unbehandelt, sind Sprachstörungen die Folge und diese beeinträchtigen nachhaltig die geistige und emotionale Entwicklung Ihres Kindes.

deckt werden – schon in wenigen Zentimetern tiefem Wasser kann ein Kind ertrinken. Lassen Sie keine Gartengeräte und Werkzeuge frei herumliegen.

Möchte Ihr Kind mit Schaufel und Harke spielen bzw. „arbeiten", bleiben Sie in der Nähe.

In die Kinderwanne, bzw. in Badewanne und Planschbecken im Garten gehört eine Gummimatte, die Sie zur Sicherheit mit einem wasserfesten Klebeband am Wannenboden befestigen. Kontrollieren Sie vor jedem Bad, ob die Gummimatte noch fest ist. Lassen Sie Ihr Kind, selbst wenn es schon etwas schwimmen können sollte, niemals unbeaufsichtigt in der Badewanne sitzen. Auch nicht mit Schwimmärmchen.

Stockbetten sind zwar eine wunderbare Klettergelegenheit, aber zum Schlafen für Kleinkinder noch nicht geeignet. Es besteht immer die Gefahr, dass die Kinder einfach aus dem Bett steigen und ins Leere stürzen. Sie können sich im Halbschlaf nicht sehr gut im Raum orientieren – im Dunkeln schon gleich gar nicht.

Geistige Entwicklung

Von „stillen Wortsamm-lern" und „Plaudertaschen"

Zu Beginn des 2. Lebensjahres begnügen sich die meisten Kinder noch mit einzelnen, einsilbigen Worten, Lauten und Begriffen. Trotzdem lernen sie ständig neue hinzu, oft ohne dass die Eltern das mitbekommen. Manche Kinder sind „stille Wortsammler", die ganz plötzlich mit kompletten Sätzen loslegen. Kinder dieser Altersgruppe wissen bereits, dass es Wortgruppen gibt, denen bestimmte Eigenschaften zugeordnet werden. Sie können übergeneralisieren, also verallgemeinern. „Wauwau" kann Katze, Hund und Eichhörnchen gleichermaßen bezeichnen, eben alle Tiere, die ein Fell haben. Und so werden auch alle älteren Frauen „Oma" genannt.

„Jedes Kind ist ein Sprachgenie", sagt der amerikanische Sprachforscher Steven Pinker (Steven Pinker: „Der Sprachinstinkt") denn Kinder eignen sich das hoch komplexe System einer Sprache binnen kürzester Zeit an. Doch jedes Kind hat ein individuelles

Über Nachahmung findet ein Kind in die Sprache

◆ *Gespräche zwischen Eltern und Kind: Die so genannte „Babysprache" ist heute weitgehend verpönt. Häufiger ist zu beobachten, dass Eltern schon frühzeitig mit ihrem Baby in einer vernünftigen Sprache sprechen. „Babysprache" und „vernünftige" Erwachsenensprache sind jedoch erfahrungsgemäß beide eher ungeeignet. Folgen Sie lieber Ihrer Intuition. Sprechen Sie mit Ihrem Kind so, wie es Ihnen Ihr Gefühl sagt. Dabei verwendet man nämlich instinktiv die so genannte „Ammen-*

Tempo – und findet in die Sprache, sofern in seiner Umgebung viel mit ihm und in seiner Anwesenheit gesprochen wird. Die heute vielfach zu beobachtende verzögerte Sprachentwicklung – jedes vierte Kind leidet mittlerweile darunter – hat wohl auch damit zu tun, dass Fernsehen, Video und Computerspiele die familiäre Kommunikation bestimmen: Es wird einfach zu wenig gesprochen.

In Mamas Armen lässt sich am besten auftanken

Schon früh Probleme lösen

Bereits vor dem 1. Geburtstag arbeiten Kinder intensiv an Problemlösungen. Sie trösten sich, indem sie am Daumen, an einem Tuch oder an einem Püppchen nuckeln. Später, zu Beginn des 2. Lebensjahres, wendet sich das Kind „abstrakteren" Problemen zu. Es versucht, einer Puppe das Kleid auszuziehen, baut immer wieder ein Türmchen aus mehreren Klötzen in verschiedenen Größen, bis es herausgefunden hat, wie der Turm stehen bleibt und wie man ihn wieder zum Umkippen bringen kann. Auch bei diesen und ähnlichen Spielen trainiert es mithilfe vieler Wiederholungen unermüdlich seine geistigen Kapazitäten.

sprache". Damit ist eine sanfte, „wellenartige" Sprachmelodie mit einfachen Sätzen in melodischen Wiederholungen gemeint, begleitet von einer bestimmten Mimik und Gestik. Durch die „Ammensprache" erfasst ein Kleinkind den Inhalt einer Aussage im Zusammenspiel aller Sinne und Fähigkeiten: den motorischen, geistigen und affektiven. In Untersuchungen ließ sich feststellen, „dass sogar noch Erwachsene den Sinn eines gesprochenen Textes besser erfassen, wenn die Melodie der Ammen- und nicht der Erwachsenensprache entsprach." (Katharina Zimmer: „Wenn Eltern laufen lernen", München 1998)

Die intellektuelle Fähigkeit zur Problemlösung hat übrigens nicht, wie früher angenommen, ausschließlich mit der geistigen Entwicklung zu tun. Entscheidend sind auch die emotionalen und sozialen Fähigkeiten. Ein Kind braucht jetzt viel Geduld, Aufmerksamkeit, Aufmunterung und die sprachliche Interaktion mit seinen Eltern, damit es nicht den Spaß an einer Tätigkeit verliert, die erst einmal nicht so gut klappt. Für Kritik ist es noch viel zu klein.

Die holländischen Wissenschaftler Hetty van de Rijt und Frans X. Ploij haben entdeckt, dass Kleinkinder mitunter unruhige Phasen durchlaufen. In diesen „Quengelphasen" etwa um den 13., 15. und 18. Lebensmonat herum ist das Nervensystem in Aufruhr, weil das Kind gerade intensiv damit beschäftigt ist, etwas Neues zu erlernen. Die Hirnforschung bestätigt dieses Erkenntnisse: Während bzw. nach der Quengelphase macht ein Kind einen großen Entwicklungssprung. Freuen Sie sich also darüber, auch wenn diese Zeiten durchaus anstrengend sind, denn jetzt lernt Ihr Kind besonders viel und intensiv.

Noch wird jetzt Sprache durch die Finger ersetzt. Wenn Ihr Kind Sie auf etwas aufmerksam machen oder etwas haben will, deutet es mit dem Finger darauf. Viele Kinder begnügen sich bis zum 18. Lebensmonat mit Einzelbegriffen.

Verbessern Sie Ihr Kind nicht ständig, wenn es sich verspricht oder falsche Begriffe verwendet. Wiederholen Sie das Wort oder den Satz in korrekter Form und in einem liebevollen Tonfall. Vielleicht als Frage: „Möchtest du den Jogurtbecher haben?" Begleiten Sie alle kleinen, alltäglichen Verrichtungen mit Sprache. „Jetzt macht Mama deinen Brei." „Komm, wir holen eine neue Windel." Sehen Sie Ihr Kind beim Sprechen an, nehmen Sie es etwa beim Anschauen eines Bilderbuches, Singen und Erzählen auf den Schoß. Die körperliche Nähe hilft einem Kind, Sie zu verstehen. Sprechen und Singen Sie beim Spielen und Toben. Die Freude an Bewegung und Körperkontakt weckt auch die Sprachfreude und umgekehrt.

12. – 18. Monat

Heiß geliebt: Kuscheltiere und Puppen
sind viel mehr als nur Spielzeug

Worauf Sie achten sollten

Aufmerksam sollten Sie bei diesen Verhaltensweisen werden: Ihr
Kind reagiert nicht, wenn es angesprochen wird. Es versucht sich
nicht in Lautmalereien oder Wort-
bildungen. Es versucht nicht, Ihnen nachzusprechen, auch nicht
einfache Begriffe wie „Mama"
oder „Ei". Nuscheln, Lispeln,
Stammeln und Stottern sind hingegen vollkommen normal. Meist
treten solche Sprachauffälligkei-
ten nur phasenweise auf und verschwinden von selbst.

Dialog-Spiele

- „Guten Morgen, Frau Huhn."
- „Guten Morgen, Herr Hahn."
- „Was gedenken Sie zu tun?"
- „Das geht Sie gar nichts an!"
- „Wollen wir nicht etwas
  promenieren?"
- „Danke, ich kann allein
  spazieren."
- „Sie haben wohl nicht gut
  geruht?
- Oder macht es Ihnen böses
  Blut,
- dass Sie noch keinen
  Regenwurm fanden?"
- „Offen gestanden,
- ich finde, Sie sind sehr auf-
  dringlich, Sie!"
- „Dumme Gans, Kikeriki!"

- „Guten Tag, guten Tag,
  was wollen Sie?"
- „Zucker und Kaffee!"
- „Hier haben Sie's, hier
  haben Sie's,
  ade, ade, ade."
- „So warten Sie doch, so
  warten Sie doch,
- Sie kriegen noch was raus!"
- „Behalten Sie's, behalten
  Sie's, ich gehe jetzt nach
  Haus."

Emotionale Entwicklung

Wachsendes Interesse an der Welt

Kleinkinder zeigen nun mehr und mehr Interesse an Menschen. Die wichtigsten Bezugspersonen sind natürlich immer noch die Eltern und Geschwister. Jetzt werden aber auch Verwandte, Freunde, Nachbarn mit Neugier und einem Lächeln bedacht. Kleinkinder lieben Geselligkeit und möchten möglichst immer dabei sein. Mit Lauten und ersten Worten beteiligen sie sich an Gesprächen und versuchen, die Aufmerksamkeit anderer auf sich zu lenken.

◆ *Kuschel-, Kitzel- und Tobespiele*
Neben dem Spiel mit Puppe oder Teddy liebt Ihr Kleinkind alle Spiele, die mit Kuscheln, zärtlichem Kitzeln oder Tollen einhergehen. Favoriten sind Laufen bzw. Krabbeln und sich dabei verstecken, Jagen und Fangen. Verstecken Sie sich hinter dem Sofa oder unter einer Decke, so weiß Ihr Kind jetzt bereits, anders als noch vor wenigen Monaten, dass Sie dort sind. Es wird aber immer wieder vor Begeisterung juchzen, wenn es Sie entdeckt hat und sich in Ihre Arme werfen kann. Dabei übt Ihr Kind ganz nebenbei und unbewusst mit Distanz und Nähe umzugehen, mit Festhalten und Loslassen. Das schenkt ihm emotionale Sicherheit, auch oder gerade, wenn Sie einmal abwesend sind.

Auf der Basis von Zärtlichkeit und Mitgefühl entwickelt sich soziale Kompetenz

Mit großem Interesse verfolgt Ihr Kind alles, was Sie im Haushalt tun. Auch dabei ist es am liebsten in Ihrer Nähe. Es versucht bereits, kleine Hilfen anzubieten, und bringt auf Aufforderung einen ihm vertrauten Gegenstand, seine Flasche oder den Teddy.

Die meisten Kleinkinder verstehen jetzt bereits ein „Nein", ein verneinendes Kopfschütteln und können Gefühlsregungen anderer einordnen. So spüren sie, wenn Mutter oder Vater ärgerlich sind, und zeigen deutliche Anteilnahme, wenn beispielsweise ein Baby weint. Empathie, die Einfühlung in andere, ist eine der frühesten emotionalen Fähigkeiten des Menschen und eine erste wertvolle Leistung in Sachen emotionaler Intelligenz und sozialer Kompetenz.

Entstehung von Fürsorge und Empathie

Sicher hat Ihr Kind eine Lieblingspuppe bzw. einen Teddy. Dieses Spielzeug ist das erste und zunächst wichtigste für Ihr Kind. Im Puppenspiel ist die Fähigkeit zur Anteilnahme und Fürsorge deutlich erkennbar. Im Gesicht einer weichen Stoffpuppe erkennt ein

◆ *Allein spielen: Sehr unterschiedlich ist in diesem Lebensalter die Fähigkeit ausgeprägt, allein zu spielen. Manche Kinder können sich bereits eine Stunde oder gar länger ganz in ein Spiel vertiefen, andere nur für Minuten oder gar nicht. Auch scheint es, als könnten sich Mädchen früher alleine beschäftigen als Jungen. Vermutlich stecken dahinter Verhaltensmuster, durch die einem kleinen Mädchen bewusst oder unbewusst etwas früher Selbstbeschäftigung abverlangt wird.*

Zwingen Sie Ihr Kind nicht, sich allein zu beschäftigen, wenn es das nicht kann bzw. nicht will. Bieten Sie ihm Spielmöglichkeiten in Ihrer Nähe an, zum Beispiel in der Küche, während Sie sich mit anderen Dingen beschäftigen. Sagen Sie: „Ich koche Mittagessen, und du darfst neben mir spielen." Die meisten Kinder spielen jetzt neben, aber noch nicht mit anderen Kindern.

◆ *Kindliche Zuneigung: Ein Puppenkind (oder Teddy) ist für ein zärtliches Kleinkind nicht austauschbar. Selbst dann nicht, wenn das „Objekt der kindlichen Zuneigung" schon ganz abgeküsst und zerfleddert aussieht. Es klingt zwar*

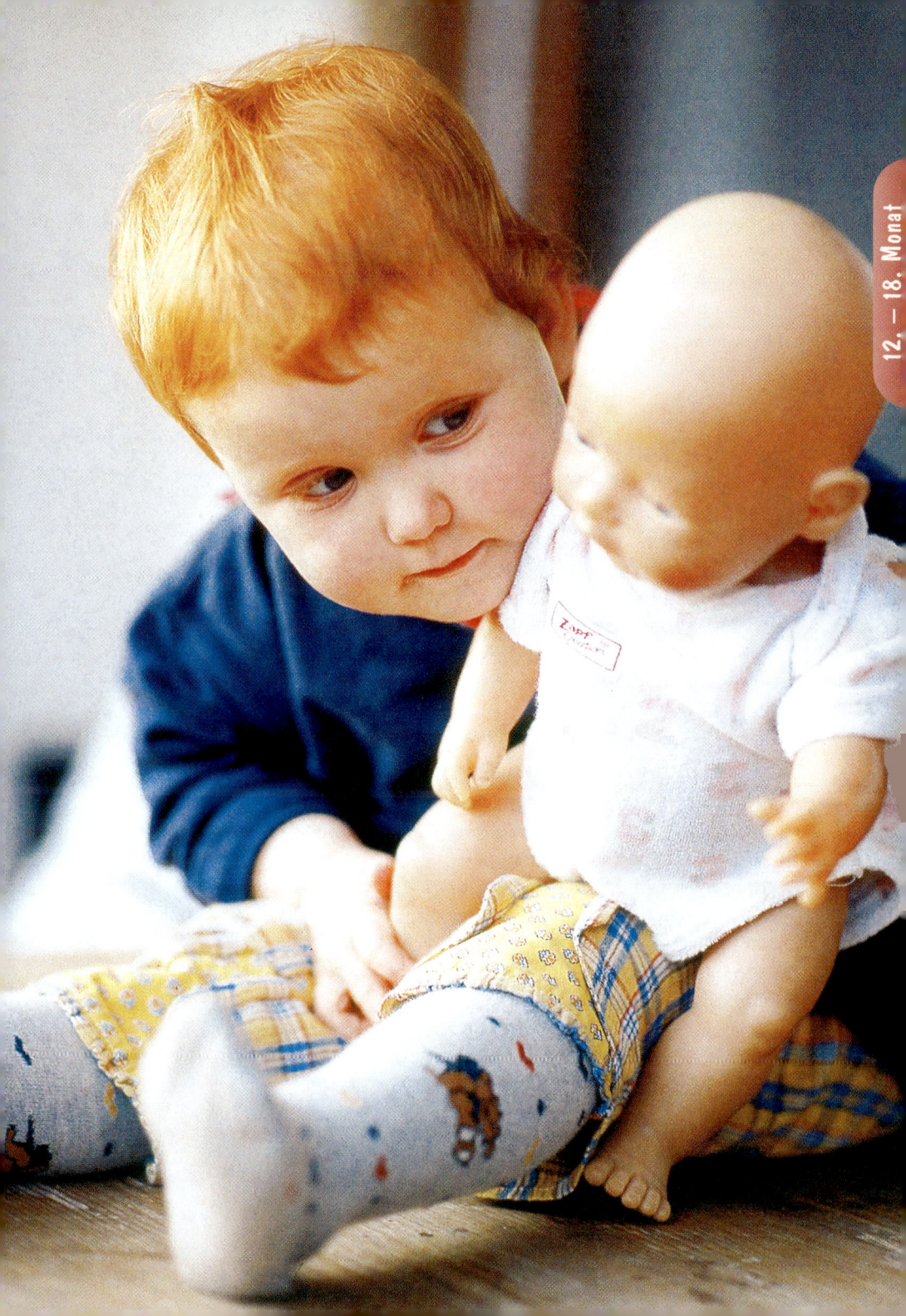

Kind sich selbst, das „Du im Ich".
Fällt die Puppe beispielsweise herunter, wird sie mit den entspre-
chenden Lauten, etwa mit „ei, ei"
getröstet. Für ein Kind sind Puppe
oder Teddy lebendige Wesen, die
es umgekehrt auch trösten können. Beim Einschlafen oder Kuscheln sind sie unverzichtbar.

Im Verlauf des 2. Lebensjahres
können die meisten Kinder erkennen, dass der Kummer eines anderen Menschen nicht der eigene
ist. Intuitiv versuchen sie, ein wei-
nendes Kind zu trösten. Die Wahrnehmung von Kummer oder
Schmerzen anderer ist allerdings
unterschiedlich stark ausgeprägt,
ebenso wie die Fähigkeit zu trösten. Einige Kinder zeigen eher
Neugier als Anteilnahme, andere
laufen hinzu, um das Kind zu be-
ruhigen, oder holen die Mutter
bzw. fangen ebenfalls laut zu rufen oder zu weinen an. Je liebe-
voller Eltern auf Kummer und
Schmerz des Kindes eingehen,
desto besser können Kinder an-
teilnehmen. Das Kind erfährt ja
an sich selbst, wie man getröstet
werden kann. Es lernt von seinen
Eltern, wie man andere trösten
und helfen kann. So wird eine
gute Basis für Mitgefühl und soziale Kompetenz gelegt.

*altmodisch, aber eine Puppe
genügt völlig. Die Vielzahl von
Puppen und Stofftieren im Kinderzimmer zerstreut nur Aufmerksamkeit und Hingabebe-
reitschaft.*

Er hat schon feine Antennen: Auch für
die Stimmung der Eltern

Stimmungen ernst nehmen

Nehmen Sie Stimmungsäußerungen Ihres Kindes ernst. Fällt es hin und schreit, vermeiden Sie möglichst ein stereotypes: „Das hat doch gar nicht weh getan." Vielleicht weint es nicht wegen des körperlichen Schmerzes, sondern aus Zorn. Nehmen Sie Ihr Kind auf den Arm und schaukeln Sie es beruhigend. Oder summen Sie ein Trostlied wie „Heile, heile Segen" und streicheln Sie die Körperstelle, auf die es gefallen ist.

Auch Eltern haben Stimmungen. Versuchen Sie, aufrichtig damit umzugehen. Was ist damit gemeint? Kleinkinder registrieren wie ein Seismograph Ärger oder Trauer von Mutter oder Vater. Spielen Sie ihm nichts vor (was gleichzeitig aber auch bedeutet, nicht dauernd seinen eigenen negativen Stimmungen nachzugeben – eine Gratwanderung!). Auch wenn Ihr Kind Sie nicht nach den Ursachen Ihrer Stimmungen fragen kann, hat es vielleicht das Bedürfnis, in Ihrer Nähe zu sein. Kommt es zu Ihnen und legt seinen Kopf in Ihren Schoß, schicken Sie es nicht weg. Das ruft in ihm nur ein äußerst ver-

Kleine Kinder kichern gerne

◆ *Gefühle allein bewältigen:*
Nicht immer können wir als Eltern erkennen, warum ein Kind gerade quengelig, missmutig, ängstlich ist oder weint. Lässt es sich nicht trösten oder aufheitern, bleiben Sie gelassen. Vielleicht möchte Ihr Kind versuchen, selbst mit seinen Gefühlen zurechtzukommen. Bleiben Sie in seiner Nähe und signalisieren Sie: „Ich bin da, wenn du mich brauchst."

Kinder lieben Musik

Singen Sie viel für und mit Ihrem Kind. Jeder kann das, es kommt ja nicht auf einen glockenreinen Sopran an. Und man kann es überall machen. Abends beim Zu-Bett-Bringen, morgens beim Aufwecken, beim Spazierengehen oder beim Kochen. Singen hat einen therapeutischen Effekt, eine anregende und beruhigende Wirkung. Singen und Vorsingen können einem Kind Mut und Selbstvertrauen schenken. Nicht umsonst spricht man davon, gegen Ängste anzusingen. Aus diesem Grund wird dem Singen in der Kinderpsychotherapie, bei Verhaltens- und Lernstörungen sowie bei körperlichen Entwicklungsverzögerungen eine große Bedeutung zugemessen.

Singen Sie die Kinderlieder Ihrer eigenen Kindheit, von „Der Mond ist aufgegangen" bis zu „Sur le pont d'Avignon". Denken Sie sich selbst ein Lied aus oder lernen Sie zusammen mit Ihrem Kind ein neues. Natürlich kann es jetzt noch nicht eine Melodie richtig nachsingen, aber doch einige Töne richtig treffen und die Laute nachahmen. Und es wird Ihnen vor allem gern zuhören. Beim

Singen schult ein Kind nicht nur Stimme und Ausdrucksmöglichkeiten, es lernt auch, Worte und Laute aneinanderzureihen, ohne zu stocken oder zu stottern. Einfache Melodien wie „Alle meine Entchen" können Sie mit der Blockflöte oder auf dem Klavier vorspielen.

Durch englische, französische oder italienische Kinderlieder können Sie Ihr Kind auch bereits mit den Lauten einer fremden Sprache vertraut machen. Es will und muss allerdings gar nicht wissen, was der Text bedeutet. Vielmehr kommt es auf Klang und Melodie der Sprache an.

Besonders gern wird Ihr Kind selbst Musik machen, mit Topf und Deckel oder Holzlöffel, mit einer Blechdose und Kieseln darin. Aber Vorsicht: Bleiben Sie dabei, damit es diese nicht versehentlich verschluckt, wenn es ausprobieren möchte, wie die schmecken!

Kinder begleiten ihr Spiel ▶
gerne mit „Gesang"

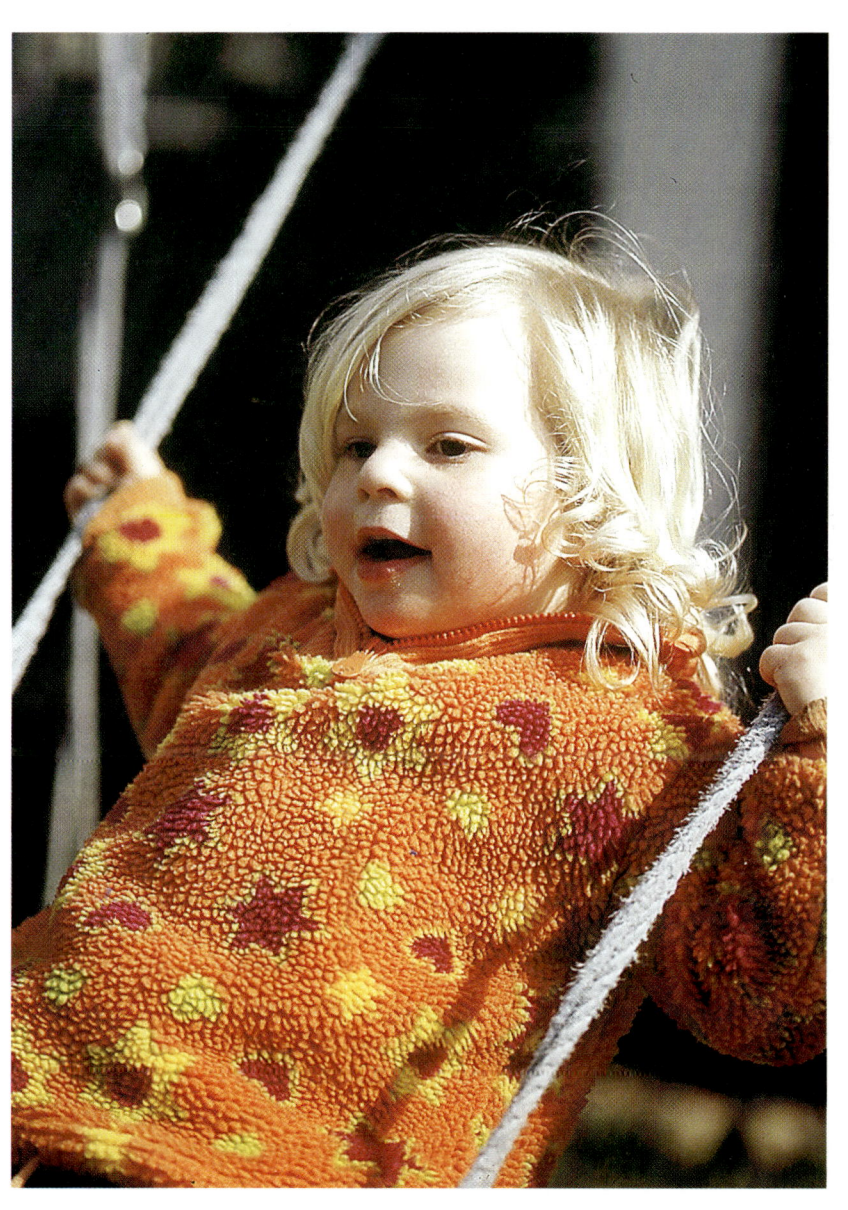

wirrendes Gefühl von Hilflosig-
keit und Angst wach. Emotionale
Stabilität bekommt ein Kind
dann, wenn es merkt: „Was ich
spüre, ist richtig."

Selbstverständlich darf ein Kind
umgekehrt nicht als Seelentröster
für Erwachsenenprobleme herhal-
ten. Es versteht sich von selbst,
dass Sie Ihre Sorgen nicht vor ihm
ausbreiten. Sie können aber nach
ein paar Besinnungsminuten seine Hand nehmen, sagen: „Jetzt ist
es wieder gut. Wollen wir jetzt etwas zusammen spielen?"

Umgang mit körperlichen Schmerzen

Für Eltern ist es immer schlimm,
den Schmerz eines Kindes mitzu-
tragen und auszuhalten, besonders wenn es noch so klein ist.
Dennoch ist es wohl so, dass wir
lernen und üben müssen, Anteil
zu nehmen und zu helfen, ohne
ebenfalls in Angst und Panik zu
geraten. Das gilt für den Seelen-
kummer eines Kindes ebenso wie
für körperliche Schmerzen. Auch
wenn Sie es vielleicht nicht glauben wollen – Ihr Kind reift emotional, ebenso geistig und körperlich, durch körperliches
Unbehagen bzw. Schmerzen – al-

Eine Umarmung – der beste Trost bei
Schmerz und Kummer

◆ *Machen Sie einen Erste-Hilfe-
Kurs: Für Eltern beinahe unverzichtbar ist ein Erste-Hilfe-Kurs,
der sich u.a. speziell mit Kinder-
und Haushaltsunfällen befasst. Zu
wissen, wie man in schwierigen Situationen wohl überlegt handelt,
gibt einem Sicherheit. Insbesondere, wenn man eher besorgt und
ängstlich ist. Diese Sicherheit
strahlt auch auf das Kind aus und
schenkt ihm die Kraft, zu lernen,
mit Schmerz und Unbehagen fertig zu werden. In vielen Kinder-
arztpraxen werden solche Erste-
Hilfe-Kurse angeboten.*

lerdings nur dann, wenn Sie die Kraft haben, es dabei ein Stückweit zu begleiten. Stärken Sie Ihr Kind in seinem Schmerz. Nicht indem Sie diesen negieren oder verniedlichen, sondern indem Sie es trösten und ihm das Vertrauen geben, dass es damit fertig werden kann.

Versuchen Sie, nicht den Kopf zu verlieren, wenn Ihr Kind einen kleinen Unfall hat, hinfällt und sich eine Verletzung zugezogen hat. Jetzt wird es voraussichtlich öfter dazu kommen. Versorgen Sie kleine Schürfwunden, indem Sie liebevoll genau erklären, was Sie machen: Pflaster und Desinfektionsmittel holen, einen kleinen Verband anlegen. Suchen Sie, wenn Sie unsicher sind, ob es nicht doch zu größeren Verletzungen gekommen ist bzw. eine schwerere Erkrankung vorliegt, unverzüglich einen Arzt oder eine Kinderambulanz auf. Und seien Sie froh, wenn dieser Weg „umsonst" war.

Distanz und Nähe

Halten Sie, wenn nötig, Menschen, die Ihr Kind nicht kennt, ein wenig auf Distanz. Es ist leider immer noch eine weit verbrei-

Gelassenheit

Überreaktionen und Kopflosigkeit bei Bagatellunfällen können ein Kleinkind, das noch sehr auf Sicherheit und Trost durch seine Eltern angewiesen ist, nachhaltig verstören. Bei kleinen Missgeschicken trösten lustige Reime über den ersten Schrecken hinweg.

Trostreime

- Heile, heile Segen,
- drei Tage Regen,
- drei Tage Schnee,
- tuts dem Kind schon nicht mehr weh!

- Heile, heile Kätzchen,
- s' Kätzchen hat vier Tätzchen,
- s' Kätzchen hat 'nen langen Schwanz,
- bald ist alles wieder ganz.

- Denkt euch nur, der Frosch ist krank!
- Liegt nur auf der Gartenbank,
- quakt nicht mehr, wer weiß, wie lang,
- ach, wie fehlt mir sein Gesang!
- Denkt euch nur, der Frosch ist krank.

12. – 18. Monat

tete Unsitte, dass kleine Kinder einfach angefasst, gestreichelt und geküsst werden, mitunter auch gegen ihren Willen. Ihr Kind soll selbst entscheiden dürfen, auf wen es zugeht und wen es links liegen lässt. Schützen Sie es also vor fremden „Gefühlsausbrüchen", auch wenn diese nett gemeint sind. Die erste Kontaktaufnahme mit anderen gelingt am besten, wenn Ihr Kind Ihre körperliche Nähe spürt, auf Ihrem Arm sitzt oder Ihre Hand hält. Respektieren Sie, wenn es sich plötzlich abwendet, auch wenn es Oma oder Opa sind.

Worauf Sie achten sollten

Alarmsignale sind lang anhaltendes verstörtes Weinen und Schreien ohne erkennbaren Grund, wobei sich Ihr Kind auch nicht von Ihnen trösten lässt, längere Phasen der Teilnahmslosigkeit, Ihr Kind sitzt mit „leerem Blick" stundenlang auf dem Boden und lässt sich auch durch wiederholtes, liebevolles Zugehen nicht „aufwecken". Diese Verhaltensweisen sollten mit dem Kinderarzt besprochen werden, ebenso wie Angst und Panik gegenüber Menschen und Vorgängen in seiner Umgebung.

◆ *Vorlesen – heute so beliebt wie früher: Vorlesen heißt jetzt und die nächsten Monate eigentlich eher Bilderbücher anzuschauen und zu erzählen, und zwar in eigenen Worten. Wählen Sie handliche, robuste Pappbücher mit farbenfrohen, aber einfachen und großzügigen Darstellungen von Lebewesen und Dingen, die Ihr Kind wieder erkennen kann: Hund, Katze, Kuh, ein kleines Haus, ein Boot. Das schult seine Wahrnehmungsfähigkeit und sein Erinnerungsvermögen. Erzählen Sie, wo Ihr Kind schon mal eine Kuh gesehen hat, welche Laute sie von sich gibt, was sie gerne frisst. Je einfacher die Bilder, desto eher fallen Ihrem Kind und Ihnen immer wieder neue Geschichten dazu ein.*

Kinder lieben Wiederholungen, auch wenn das für uns manchmal etwas langweilig ist. Wiederholungen sind aber die wichtigste Voraussetzung dafür, dass sich ein Kind mit einer Sache vollkommen vertraut machen kann; Wiederholungen vermitteln Sicherheit. Respektieren Sie sein Bedürfnis, eine Geschichte immer wieder in den gleichen Formulierungen zu hören.

Sinnvolles Spielzeug vom 12. bis 18. Lebensmonat

Alles, womit Mama und Papa hantieren

Viele Spielsachen braucht Ihr Kind eigentlich (noch) nicht. Es spielt am liebsten mit Ihnen oder mit ganz einfachen, alltäglichen Gegenständen, wie sie in jedem Haushalt vorhanden sind und auch von Mama und Papa benutzt werden: mit einem kleinen Pappkarton, einem Löffel oder Kochlöffel, einem Schneebesen, einer Klopapierrolle. Beobachten Sie Ihr Kind, Sie werden überrascht feststellen, was man mit den simpelsten Objekten alles anstellen kann, wie sich beispielsweise an einem Löffel Erfindergeist und Kreativität entzünden. Ein Löffel ist nämlich nicht nur zum Essen da ...

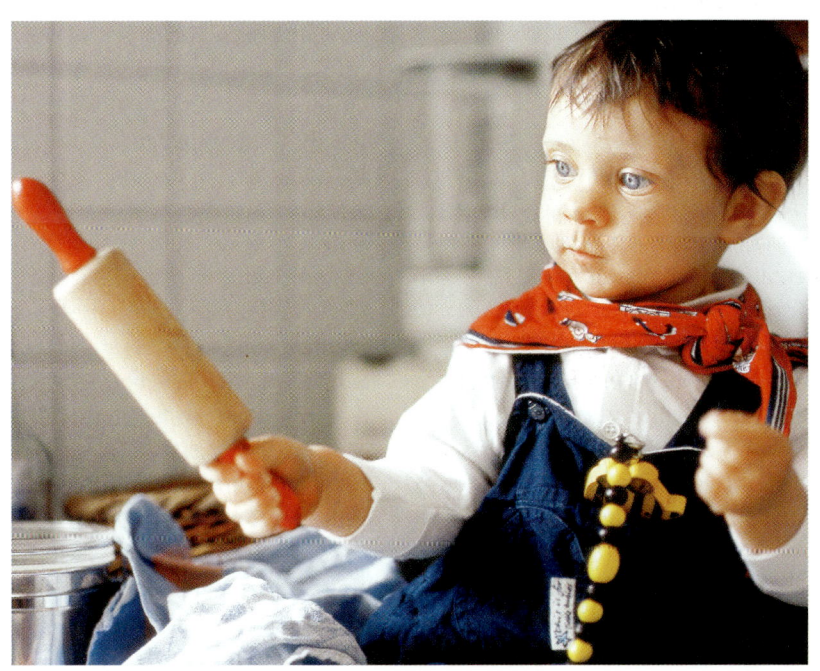

Welche Ernährung Ihr Kind jetzt braucht

Während von Kuhmilch für Babys eher abzuraten ist, ist sie für gesunde Kinder ab dem 2. Lebensjahr gut verträglich und wegen ihres Kalziumgehaltes auch wichtiges Nahrungsmittel. Milch ist allerdings kein Durstlöscher und sollte deshalb nur in Maßen getrunken werden (max. zwei Gläser pro Tag), insbesondere dann, wenn sie als Kakao gereicht wird. Bringen Sie Ihr Kind nicht zu früh auf den Geschmack – oder am besten gar nicht. Kakao braucht es nämlich nicht unbedingt.

Achtung, Fruchtsäfte: Apfel-, Johannisbeer- und Trauben- Saft enthalten Alkohol, wenngleich nur in geringen Mengen. Viele Fruchtsäfte enthalten reichlich Zucker. Sie sollten auch deshalb nur mit Wasser verdünnt angeboten werden. Alternativen sind „stilles" Wasser und Käuterteemischungen. Letztere sind besonders „zahnfreundlich".

Ab sofort sind jetzt viel frisches Obst und Gemüse gefragt: Karotten, Apfel, Birnen, Kohlrabi oder Gurke. Sie schmecken roh, in kleine Stücke geschnitten. Ihr Kind sollte ruhig kräftig kauen.

Ein Wort zur Banane: Viele Kleinkinder lieben sie, weil sie, besonders zerdrückt, so angenehm süß schmeckt. Das kann aber leider schnell auf den Geschmack bringen und die Lust auf etwas herzhaftere, weniger süße Nahrungsmittel verderben. Bananen sollten nicht unbedingt täglich auf dem Speiseplan stehen. Außerdem gibt es hin und wieder auch Verdauungsprobleme.

Wählen Sie bei Weintrauben die kernlose Sorte, entfernen Sie bei Steinobst die Kerne. Mit Kirschen warten Sie lieber noch. Die Gefahr, dass Ihr Kind Kerne verschluckt, ist noch zu groß.

Ab dem 2. Lebensjahr gehört täglich auf den Tisch:
- viele Vollkornprodukte (Brot und Nudeln) und Reis
- ab sofort auch Fenchel, Spinat, rote Bete und Kohlrabi, Gemüsesorten, die im ersten Lebensjahr wegen ihres hohen Nitratgehaltes eher nicht empfohlen werden
- dazu reichlich Karotten, Kartoffeln, Blumenkohl, Brokkoli und Zucchini
- hin und wieder auch Ei und

Fleisch. Sie enthalten Eisen und Vitamin B 12, die Ihr Kind zur Blutbildung bzw. als Gehirnnahrung braucht
• Geflügel (Pute, Huhn) kommt entweder gebraten (Vorsicht Hühnerknochen entfernen) oder als Hühnersuppe bei den Kleinen gut an, ebenso mageres Kalbfleisch

Falls Sie Ihr Kind fleischlos ernähren, sollte es ab dem 2. Lebensjahr genügend Quark, Joghurt und Käse essen, damit es nicht zu Mangelerscheinungen kommt.

• Vermeiden Sie denaturierte Nahrungsmittel, Fertigkost und Konserven, schon wegen ihres hohen Zuckergehaltes.
• Auch Tiefkühlgerichten, die fraglos recht praktisch sind, sollten nicht dauernd serviert werden.
• „Junior" Gläschen sind aus ernährungswissenschaftlicher Sicht einwandfrei, gesund und ebenfalls sehr praktisch. Doch Kochen und Essen sind sinnliche Ereignisse, bei denen Augen, Geschmacks- und Geruchssinn angeregt werden sollen. Ob Sie diese Erlebnisse Ihrem Kind beim Öffnen eines Gläschens vermitteln können? Wie riecht Petersilie und

Basilikum? Wie ein Stück Zwiebel, Knoblauch oder Bauernkäse? Wie sieht eine richtige Karotte aus? Wohl eher nicht.
• Kochen Sie also wenigstens drei Mal pro Woche für Ihr Kind.
• Gehen Sie mit ihm zum Einkaufen auf einen Markt und zeigen Sie ihm die vielen bunten, duftenden Obst- und Gemüsesorten. Ganz nebenbei lernt es dabei verschiedene Nahrungsmittel und ihre Verwendung kennen.
• Kochen Sie gemeinsam mit Ihrem Kind, dann schmeckt es ihm gleich viel besser. Lassen Sie es mit dem Kochlöffel in der Soße rühren, mit den Händen Salat mischen, Teig kneten. Das macht Spaß, fördert die manuelle Geschicklichkeit und sinnliche Wahrnehmung.
• Es muss nicht immer ein Keks oder eine Brezen sein. Ein Gemüse-Dip ist für Kleinkinder die ideale Zwischenmahlzeit. Bei uns steht sie (neben einer Schale mit Äpfeln) ab morgens den ganzen Tag auf dem Küchentisch. Dafür Karotten, Kohlrabi und Gurken in schmale Streifen schneiden, Blumenkohl in Röschen zerteilen. Aus Sauerrahm, etwas Zitronensaft, Salz und Kresse den Dip herstellen.

1 ½ bis 2 Jahre

Die Entdeckung der Sprache

Äußerst unternehmungslustig und bereits enorm geschickt, so präsentiert sich Ihr Kleinkind in der zweiten Hälfte des 2. Lebensjahres. Beim Spielen, Toben, Laufen trainiert es fast ununterbrochen seinen Gleichgewichtssinn und erkennt allmählich physikalische Gesetzmäßigkeiten. Rhythmus und Rituale werden im Zusammenleben mit den Eltern herausgebildet und geben ihm inneren und äußeren Halt. Mit der Entwicklung seiner kleinen Persönlichkeit geht es rasant voran: Am Ende dieser Lebensphase sagt Ihr Kind gewiss zum ersten Mal „Ich".

Körperliche Entwicklung

Mobil, unabhängig und unternehmungslustig

So gut wie alle Kinder können jetzt sicher laufen. Daneben gehört aber auch bei vielen noch das Krabbeln zum Fortbewegungsrepertoire. Die meisten Kinder verfügen nun über recht große Muskelkraft. Sonst könnten sie sich nämlich kaum aufrecht und im Gleichgewicht halten. Sie vollbringen eine große körperliche Gesamtleistung: Über das Auge, das Gleichgewichtsorgan und Sensoren in Muskeln, Sehnen und Gelenken können sie die auf sie einströmenden Informationen immer besser integrieren. Die Sicherheit und wachsende Unabhängigkeit machen sie ausgesprochen unternehmungslustig und neugierig. Nichts ist mehr vor ihnen sicher. Blitzschnell schnappen sie sich Mamas verbotenen Füllfederhalter und sausen davon.

Bis zum 2. Geburtstag können fast alle Kinder einen Gegenstand vom Boden aufheben bzw. in die Hocke gehen und wieder aufstehen, ohne dabei umzufallen. Sie laufen schnell und stoppen auf

◆ *Spiele für den Gleichgewichtssinn: Gehen Sie oft auf Spielplätze und lassen Sie Ihr Kind an allen Geräten – Klettergerüst, Rutsche, Schaukel und Wippe – herumturnen. Bleiben Sie in der Nähe, damit Sie es, falls nötig, auffangen oder festhalten können. Auf einer Wippe sitzend erkennen Kinder, wie man unterschiedliche Gewichte ausbalanciert: „Mama ist schwerer als ich." Dabei spannen sie Muskeln an, beugen und strecken Gelenke. Beim Abstoßen und Hochwippen erfassen sie den Raum unter sich. Über das Geräusch der Wippe kommen dem*

„Eltern lernen am besten von ihren Kindern, wie man das Leben meistert."

Muriel Spark

Zuruf rechtzeitig vor einem Hindernis. Auch das Rückwärtsgehen macht kaum noch Probleme. Durch unzählige Wiederholungen und Variationen bestimmter Bewegungsabläufe – auf dem Sofa springen, tanzen, klettern, hüpfen, zwischen Stuhl und Tisch hin- und hersausen – wird die Bewegung immer sicherer und harmonischer. Im Zuge dessen erfolgt im Gehirn die Feineinstellung der Verbindung bestimmter Neuronengruppen.

Bei seinen vielen Aktivitäten ist Ihr Kind jetzt auf Zuspruch und Lob angewiesen. Trösten Sie, wenn etwas schief geht. Ermuntern Sie es zu einem weiteren Versuch, und freuen Sie sich mit ihm über jeden kleinen Fortschritt.

Auch die Feinmotorik wird immer differenzierter: Ihr Kind versucht, sich Socken anzuziehen, kann im Bilderbuch blättern, probiert, Knöpfe und Reißverschlüsse zu öffnen und zu schließen. Es lernt, einen Deckel aufzuschrauben, Wasserhähne zu öffnen und Schlüssel umzudrehen. Auch sein Umgang mit Stiften und Malpapier wird immer geübter. Es kann kleine Gegenstände sicher tragen, ohne sie fallen zu lassen.

Kaum zu bremsen und oft schon schneller als Mama – die Zweijährigen

Gehör zusätzliche Informationen zu, die ein Kind in den Rhythmus von Auf und Ab einbinden. Über die Augen erschließen sich verschiedene Gesichtsfelder und Perspektiven, je nachdem, ob das Kind gerade oben, unten oder in der Mitte ist. Bei einem so simplen Spiel wie Wippen wird also unglaublich viel gelernt.

Selbst wenn Sie keinen Garten haben, auch in einer Wohnung lassen sich aus einem Holzbock und einem Brett eine Wippe bauen, eine Schaukel anbringen oder eine kleine Hängematte und vielleicht eine Holzrutsche aufstellen.

1½ – 2 Jahre

47

Alles anfassen – alles selber machen

Lassen Sie Ihr Kleinkind nach Möglichkeit in Ihrem Beisein alles anfassen, wofür es sich interessiert. Es lernt dabei unterschiedliche Farben, Formen und Materialien kennen und den geschickten Umgang auch mit zerbrechlichen oder komplizierten Objekten. Gehen Sie überlegt mit dem Nein um. Bleiben Sie allerdings konsequent dabei, wenn sich Ihr Kind in Gefahr bringt. Setzen Sie seinem Forscher- und Entdeckerdrang möglichst wenig Grenzen. Bevor Sie rufen „Die Vase darfst du nicht anfassen", „Nein, auf den Hocker kletterst du nicht", überlegen Sie, ob Ihr Kind das nicht doch mal darf. Manches Nein muss auch wieder aufgehoben werden, sobald ein Kind genügend Geschicklichkeit erworben hat.

Bewegung ist für die Entwicklung des Gleichgewichtssinns unabdingbar. Beim Schaukeln, Hangeln, Hopsen und Klettern findet ein Kind intuitiv in innere und äußere Balance und schult gleichzeitig seine Sinneswahrnehmung. Ist der Gleichgewichtssinn nicht genügend ausgebildet oder

Verkleiden – ein herrlicher Spaß

Üben Sie spielerisch, d. h. solange Ihr Kind Spaß daran hat, Purzelbäume. Das kann es vorerst allerdings nur, indem es seitlich abrollt. Oder spielen Sie Sackhüpfen mit alten Postsäcken aus Jute. Rollen Sie mit Ihrem Kind über den Boden in verschiedene Richtungen, kullern Sie mit ihm einen Berg herunter. Üben Sie mit ihm auf allen vieren zu gehen (mit Po in der Luft), wie ein Frosch zu hüpfen, wie ein Flamingo auf einem Bein zu stehen, über eine mit Kreide auf den Boden aufgemalte Gerade zu balancieren.

gestört, werden Seh- und Hörver-
mögen beeinträchtigt. Das Kind
findet nicht in die Sprache, später
stellen sich oft Rechtschreib- und
Rechenschwächen ein. Viele Ver-
haltensauffälligkeiten, Lern-
schwächen, Depressionen und Un-
fälle haben ihre Ursache in einem
gravierenden Bewegungsmangel.
Wer körperlich nicht die Balance
halten kann, gerät auch seelisch
und sozial leichter aus dem
Gleichgewicht. Das motorisch ungeschickte bzw. unsichere Kind
und das schwierige Kind – das
geht oft Hand in Hand. Das wurde
auch durch den Sportmediziner
Professor Knut Dietrich von der
Universität Hamburg festgestellt.
Körperliche Beweglichkeit und
Geschicklichkeit unterstützen die

Hüpfen, Wippen, Klettern, Hopsen
schulen die Sinneswahrnehmung

1½ – 2 Jahre

Das Recht auf Bewegung

Haben Sie keine Angst vor den
Beschwerden anderer Mieter,
wenn Ihr Kind durch die Wohnung
tobt. In zahlreichen gerichtlichen
Verfahren wurde glücklicher-
weise festgestellt, dass einem
Kind auch in einer Mietwohnung
das Recht auf temperamentvolle
körperliche Bewegung zusteht –
das ist nämlich ein Lebensrecht.

◆ *Tanz und Bewegung: Die Bewegungen Ihres Kleinkindes werden
jetzt immer gezielter. Mit zwei Jahren erkennen Kinder bereits einen
bestimmten musikalischen Rhythmus und können sich dabei spielerisch bewegen. Tanz gehört bei
vielen zu den Lieblingsbeschäfti-
gungen. Tanzen Sie oft mit Ihrem
Kind, indem Sie dazu klatschen
oder eine einfache, rhythmisch
klar strukturierte Musik auflegen.
Noch lieber wird es Ihr Kind
haben, wenn Sie am Klavier – so
Sie eines besitzen – zum Tanz auf-
spielen. Beim Tanzen erwirbt es*

49

Entwicklung sozialer Kompetenz und sind überdies der beste Unfallschutz überhaupt für ein Kind.

Die innere und äußere Balance, die wir nicht ein für alle Mal haben, sondern zuzeiten auch immer wieder suchen müssen, ermöglicht die optimale Entfaltung aller Sinne. Balance braucht ein Kind, um in ein soziales Umfeld hineinwachsen und sein gesamtes kreatives und kognitives Potenzial entfalten zu können.

Da in den ersten Entwicklungsjahren eines Kindes die Sinne in einem sehr fein abgestimmten System ständig und auf natürliche Weise kommunizieren, sollte alles unterbleiben, was diese Balance stören kann. Forcierte Gleichgewichts- oder Bewegungsübungen können mehr Schaden anrichten, als man sich vorzustellen vermag. Normalerweise sind eine möglichst wenig reglementierte Spielumgebung und liebevolle, aufmerksame Eltern alles, was ein Kind braucht, um sein Gleichgewicht zu schulen.

Worauf Sie achten sollten

Bei folgenden Signalen sollten Sie aufmerksam werden: Ihr Kind

Rat mal, wer ich bin!

Kinder lieben es, sich zu verkleiden, und trainieren beim An- und Ausziehen zugleich auch ihre feinmotorischen Fähigkeiten. Durchsuchen Sie Ihre Schränke nach alten Röcken, Capes, Fransentüchern, Hüten, Schuhen etc. oder fragen Sie in der Verwandtschaft herum. Lassen Sie Ihr Kind zu Hause, etwa an einem langweiligen Regennachmittag oder bei warmen Temperaturen im Freien, „Verkleiden" spielen – noch mehr Spaß macht's mit kleinen Freunden.

sich eine Vielzahl neuer Bewegungsabläufe und trainiert seinen Gleichgewichtssinn.

◆ *Gewohnheiten bilden: Essen*
Essen ist weit mehr als Nahrungsaufnahme. Gemeinsame Mahlzeiten sind kleine kulturelle Ereignisse. Dabei lernt Ihr Kind allmählich, mit Besteck und Geschirr umzugehen und die Geselligkeit bei Tisch zu schätzen. Gemeinsame Mahlzeiten sind wichtig für die soziale und seelische Entwicklung. Sie sollten deshalb in

Schlafe süß – auch hier helfen Rituale!

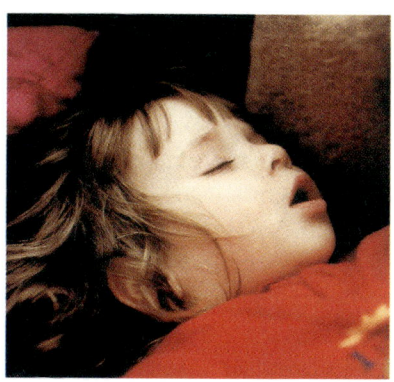

Die meisten Kinder brauchen beim Einschlafen noch lange die Nähe eines Elternteils. Zu frühes Pochen auf Alleinschlafen kann manchmal genau das Gegenteil bewirken – ein Kind kommt immer wieder aus dem Bett und findet keine Ruhe.

Kinder haben Angst im Dunkeln, auch wenn sie noch klein sind und noch nie allein gelassen wurden. Diese Angst gehört zu den natürlichen biologischen Empfindungen, wie der englische Entwicklungspsychologe John Bowlby herausgefunden hat. Im Dunkeln können wir uns nicht mehr so gut im Raum orientieren, um wie viel weniger ein Kind, das dies ja gerade erst gelernt hat. Kein Wunder, wenn es

sich fürchtet. Lassen Sie seine Zimmertür offen, damit von außen Licht eindringen kann, oder ein kleines Lämpchen brennen. Die Geräusche, die Sie machen, werden es kaum stören.

Kommt Ihr Kind abends nicht zur Ruhe, könnte es auch daran liegen: Es hat tagsüber zu viele Aufregungen, Unternehmungen und Hektik gegeben, vielleicht auch schwierige Situationen. Kummer und Sorgen bringen auch ein Kleinkind um den Schlaf! Oder aber der Tag war nicht abwechslungsreich genug und nicht mit erfüllenden Unternehmungen ausgefüllt.

Mit einem barschen „du musst" kann man kein Kind zum Schlafen bringen. Beginnen Sie jeden Abend mit dem gleichen Ritual. Das kann anfangs eine bis zwei Stunden in Anspruch nehmen. Anregung für ein Zu-Bett-Gehen-Ritual: Klötze einsammeln und in die Kiste legen. Zusammen in der Küche das Abendbrot herrichten: eine Quarkspeise, einen süßen Auflauf oder Butterbrote mit einem Glas warmer Milch.

1½ – 2 Jahre

kann sich nicht aus eigener Kraft hochziehen und einigermaßen sicher frei laufen. Es kann noch nicht rennen. Seine Bewegungen wirken unkoordiniert, tollpatschig und ungeschickt. Sie haben oft den Eindruck, es sei einfach ungezogen, weil viele Gegenstände zu Bruch gehen und es dauernd hinfällt. Ihr Kind wirkt sehr unruhig, ist meistens misslaunig. Scheinbar nebensächliche Anzeichen können auf eine schwerwiegende Entwicklungsstörung hinweisen, deren Ursache nicht selten zu wenig Zeit und Raum für Toben und Spielen ist. Hat Ihr Kind genügend Gelegenheiten zum freien Spiel, zu Hause und in der Natur? Sprechen Sie mit Ihrem Kinderarzt. Noch vor dem 2. Geburtstag sollten Sie die Augen Ihres Kindes untersuchen lassen, damit nicht eine Trübung von Hornhaut oder Linse unbehandelt bleibt. Ihr Kind sollte jetzt stereo, also mit beiden Augen zugleich sehen können. Sehleistungen, die sich nicht vor dem 2. Geburtstag entwickelt haben, können später nicht mehr erworben werden! Bis zum 2. Geburtstag sollten die Eckzähne vorhanden sein. Falls Sie noch nicht beim Zahnarzt waren, tun Sie es jetzt.

einer gelösten und heiteren Atmosphäre stattfinden. Ihr Kind braucht beim Essen Zeit und Ihre Geduld. Bleiben Sie bei ihm sitzen, sonst wird es nach wenigen Minuten ebenfalls vom Tisch wegspringen, und essen Sie nach Möglichkeit auch. Das tun leider viele Mütter nicht, ist aber häufig eine Ursache, warum Kleinkinder nicht essen wollen. Geben Sie Ihrem Kind neue oder weniger geschätzte Gerichte nur teelöffelweise auf den Teller – zum Probieren. Erst wenn es einen Nachschlag verlangt, kommt der nächste Teelöffel. So kann man selbst schwierige, appetitlose Esser langsam „heilen". Zwingen Sie es niemals zum Essen – auch nicht mit Überredungen. Achten Sie darauf, dass Ihr Kind nicht zwischendurch ständig isst, insbesondere nichts Süßes – wozu auch Fruchtjoghurts u.a. gehören! Bieten Sie ihm zwischendurch höchstens trockenes Brot, eine Brezel oder einen Apfel an. Mehr als fünf bis sechs über den Tag verteilte kleine Mahlzeiten braucht Ihr Kind nicht. Nehmen Sie nach Möglichkeit mindestens drei davon bei Tisch ein.

Sauberkeitserziehung: Nur nichts überstürzen!

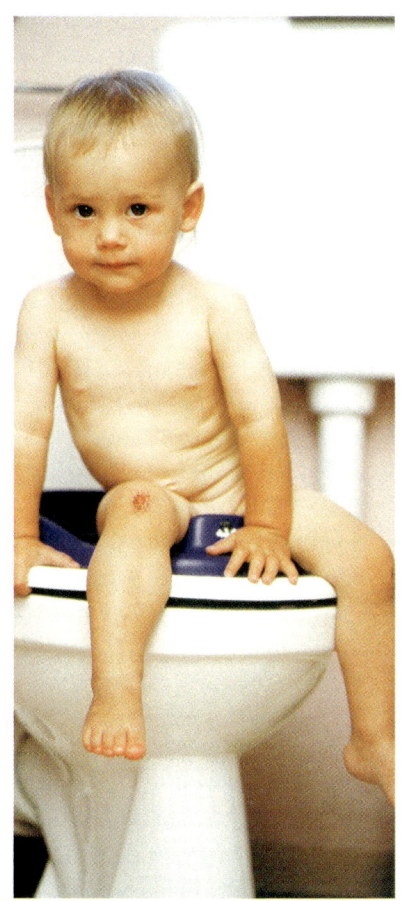

Kind und Topf. Lassen Sie es wirklich nicht so weit kommen. Es kann gar nicht oft genug betont werden, wie wichtig für die persönliche Entwicklung Ihres Kindes die absolute Selbstbestimmung in Sachen „sauber werden" ist.

Fragen Sie Ihr Kind nicht dauernd: „Musst du?" Und setzen Sie es nicht gegen seinen Willen auf den Topf. Auch wenn alle anderen Kinder in der Umgebung schon längst sauber sind: Vertrauen Sie darauf, dass es Ihr Kind früher oder später auch lernen wird. Windeln sind lästig, und irgendwann stellt das auch Ihr Kind fest.

Selbst wenn Ihr Kind jetzt tagsüber schon sauber sein sollte, gehen Sie nicht davon aus, dass es seine Ausscheidungsorgane bereits perfekt kontrollieren kann. Es wird immer wieder Rückfälle geben in besonderen Situationen, auf Reisen, nach hektischen Tagen, einem Streit oder durch die Ankunft eines neues Geschwisters. Das ist völlig normal. Das kleine Malheur sollte ohne viel Aufhebens behoben werden.

Manche Kinder werden wie von Zauberhand von allein „sauber". Bei anderen entwickelt sich gegen Ende des 2. Lebensjahres bereits ein Machtkampf zwischen Eltern,

1½ – 2 Jahre

Geistige Entwicklung

Das Kind erschließt sich das Sprachsystem

Der amerikanische Sprachforscher und Linguist Steven Pinker hat herausgefunden, dass Kinder in der 2. Hälfte des 2. Lebensjahres Sprache regelrecht im Sturm erobern. Bis dahin haben sie einen Wortschatz von etwa 50 Begriffen. Zum 2. Geburtstag sind es oft schon 200 und mehr. Pinker geht davon aus, dass eine bestimmte Sprachfertigkeit angeboren ist, dass wir ein „grammatikalisches Urwissen" besitzen. Seien Sie also geduldig, wenn Ihr Kind noch nicht so gewandt mit Sprache umgeht wie das drei Monate jüngere Nachbarskind. Es wird diesen „Rückstand" irgendwann spielend aufholen. Wichtig ist, dass Sie viel und gern mit ihm sprechen.

Irgendwann in diesem Lebensalter wird Ihr Kind beginnen, zwei Worte aneinander zu reihen, wie etwa „Papa, komm". Langsam eignet es sich auf diese Weise den Satzbau an. Einige Kleinkinder plappern bald drauf los, kommen in rasanten Schritten in die flüssige Formulierung auch komplizier-

◆ *Zahlen und räumliche Intelligenz: Am Ende des 2. Lebensjahres sind Kinder schon Meister der Abstraktion. Sie können kleine von großen Mengen unterscheiden und die Zahlen von eins bis drei. Zählen Sie beim Klötzespiel: „Das ist ein Klötzchen, das sind zwei und das drei." Nehmen Sie ein Klötzchen weg und fragen Sie, wie viel Klötzchen jetzt noch da sind. Zeigen Sie Ihrem Kind, wie es beim Zählen seine Finger zur Hilfe nehmen kann. Nicht jedes tut das von allein. Mit den Fingern zu zählen erleichtert ungeheuer den Einstieg in ein hoch komplexes System, wie es das Rechnen ist.*

Spielen Sie Kombinationsspiele. Dazu eignen sich quadratische, dreieckige, rechteckige und runde Klötze und Würfel oder Puzzles. Lassen Sie Ihr Kind frei die verschiedenen Formen kombinieren, und erklären Sie ihm währenddessen: „Jetzt liegt das Viereck neben dem Dreieck. Eine Seite vom Viereck ist so lang wie die eine Seite des Dreiecks."

ter Sätze mit Subjekt, Objekt, Prädikat: „Anna will mehr Orangensaft haben." Nach und nach erwerben Kinder jetzt intuitiv ein korrektes grammatikalisches Muster – ständige Korrekturen sind also ganz unnötig.

Kinder bemerken jetzt, dass vielen Worten in der Mehrzahl ein „S" angehängt und die Perfektform der Verben mit „ge" gebildet wird. Diese „Regeln" übertragen sie auf die ihnen bekannten Begriffe: „Kuchens" und „Flugzeugs" und „bin spazieren gegeht". Für Ihr Kind ist das ganz logisch; es zeigt sein großes Sprachtalent. Schließlich heißt es ja auch „gemalt" oder „gespielt". Wiederholen Sie ein falsches Wort oder eine falsche Konstruktion behutsam in der korrekten Weise: „Ja, wir sind spazieren gegangen." Ausnahmen wird es dann nach und nach fast von selbst lernen.

Worauf Sie achten sollten

Bei folgenden Verhaltensweisen sollten Sie aufmerken: Ihr Kind ringt um Worte, kann aber noch nicht einzelne einfache Begriffe bilden. Es versteht keine einfachen Sätze, Fragen und Aufforderungen: „Wir gehen jetzt spazie-

Zahlenspiele lassen sich auch wunderbar beim Essen machen. Teilen Sie einen Apfel in vier gleich große Schnitze oder einen Kuchen in vier Viertel, fügen Sie die Teile wieder zu einem Ganzen. Fragen Sie Ihr Kind, ob es einen Apfelschnitz oder zwei haben möchte.

> „Ein Kind sollte mit jedem seiner Schritte echte Erfahrungen machen; man sollte ihm niemals die Dornen von den Rosen entfernen."
>
> Ellen Key

◆ *Spielen ist Entdecken und Forschen: Beim Spiel entfaltet Ihr Kind sein ganzes Potenzial an Fähigkeiten. Spielen steht evolutionsgeschichtlich in engem Zusammenhang mit der Intelligenzentwicklung des Menschen. Nur höhere Säugetiere wie Delphine und Primaten spielen. Spielen ist Entdecken und Forschen für Ihr Kind. Es braucht also einen möglichst großzügig bemessenen Handlungsspielraum, Ihre Tole-*

1½ – 2 Jahre

ren." „Hol deinen Teddy aus dem Zimmer." „Magst du einen Tee?" Ermuntern Sie Ihr Kind, einen Gegenstand, den es gern haben möchte, zu benennen. Fragen Sie: „Du möchtest also den Zwieback haben?" Halten Sie den Zwieback in den Händen und schauen Sie Ihr Kind erwartungsvoll an. Versuchen Sie es mit anderen Objekten immer wieder. Doch setzen Sie Ihr Kind nicht unter Druck. Will es nicht sprechen und verlegt sich nur auf ein bejahendes Nicken, bekommt es natürlich auch den Zwieback. Es hat ja ohnehin schon eine große Leistung voll-

Gedulds- und Geschicklichkeitsspiele stellen ein Kind vor neue Herausforderungen

ranz, Geduld und Aufmerksamkeit. Im Spiel stellt sich ein Kind intuitiv immer neuen Herausforderungen, Entscheidungen und Problemlösungen. Im Spiel übt es seine Kreativität und sein Improvisationstalent.

Lassen Sie Ihr Kind sein Spielzeug weitgehend selbst aussuchen und finden. In der Natur gibt es unzählige „Spielsachen" und in jedem nicht allzu technisch hoch gerüsteten und „sterilen" Haushalt

bracht, nämlich Ihre Frage richtig verstanden.

Zeigen Sie sich möglichst nicht enttäuscht, wenn trotz intensiver Bemühungen kein Wort aus Ihrem Kind herauszubekommen ist. Kinder, die sich nur zögerlich mit Sprache vertraut machen, sollten tunlichst nicht durch Radio, Kassetten oder gar Fernsehen beschallt werden. Singen Sie viel für und mit einem sprechfaulen Kind. Erfahrungsgemäß stimmt es irgendwann mal mit ein. Haben Sie Geduld!

ebenfalls. Vor allem in der Küche. Ob ein Spielzeug pädagogisch wertvoll ist oder nicht, darauf kommt es weniger an als darauf, dass ein Kind Spaß damit hat!

Stören Sie ein Kind nach Möglichkeit nicht, das in ein Spiel versunken ist, und spielen Sie so oft wie möglich mit ihm. Dazu gehören auch Geschichten erzählen und Bücher anschauen.

Abwasch mit Mama und Papa: Das verfeinert die Feinmotorik und stärkt das Selbstvertrauen

11½ – 2 Jahre

57

1½ – 2 Jahre

Zweisprachigkeit und Fremdsprachenerwerb

Heute wächst beinahe jedes 8. Kind in einer zweisprachigen Familie auf. Und die meisten dieser Kinder eignen sich problemlos zwei Sprachen an. Das heißt, sie beherrschen beide Sprachen weitgehend gleich gut und können von einer Sprache in die andere wechseln, ohne Worte und Begriffe zu verwechseln.

Wer in einer zweisprachigen Partnerschaft lebt, sollte jedoch konsequent in seiner Muttersprache mit seinem Kind sprechen. Die meisten Familien einigen sich auf eine „Familiensprache", sobald beide Elternteile anwesend sind, und zwar nicht unbedingt auf die jeweilige Landessprache, sondern auf die, die beide Partner gut beherrschen.

Je früher ein Kind mit einer Sprache vertraut gemacht wird, desto leichter tut es sich später beim Erwerb einer Fremdsprache. Das bedeutet jedoch keinesfalls, dass man einem Kleinkind eine Fremdsprache beibringen sollte. In den USA hat sich die Unsitte breit gemacht, dass bereits Babys im Mutterleib mit Fremdsprachen zu „beschallen". Das ist vollkommener Unsinn. Sprachfor-

scher haben nachgewiesen, dass der Spracherwerb keine rein kognitive Leistung ist, sondern u.a. im Zusammenspiel von affektiven Bindungen stattfindet. Mit anderen Worten: Sprache ist Gefühl. (Beim Kontakt mit Babys fallen deshalb die meisten Menschen automatisch in ihre Muttersprache – auch wenn sie diese jahrelang nicht gesprochen haben.)

Mit fremden Klängen und Worten können Sie Ihr Kind jetzt schon vertraut machen, indem Sie einfache Kinderreime aufsagen und Lieder auf Englisch und Französisch singen.

In fremden Sprachen Tanzen, Singen und Spielen

Aus Inhalt und Rhythmus der französischen und englischen Kinderreime geht hervor, was begleitend mit einem Kind gespielt werden kann, bzw. welche Körperteile (Hände, Füße, Finger etc.) gebraucht, berührt oder bewegt werden können und welche Gestik, Mimik und Rhythmus sich anbietet, bzw. mit welchen Gegenständen dabei gespielt werden kann. Ihr Kind braucht deshalb keine Übersetzung, es sei denn, es fragt danach.

Alle Reime können nach bekannten oder selbst ausgedachten Melodien auch gesungen werden.

Französische Kinderreime

Hand-Finger-Fangspiel

- Je te tiens, tu me tiens,
- Par la barbichette,
- Le premier, qui rira,
- Sortira!

- Scions, scions, scions du bois,
- Pour la mère, pour la mère,
- Scions, scions, scions du bois,
- Pour la mère Nicolas.

- Peche, pomme, poire, abricot,
- Y'en a une, y'en a une,
- Peche, pomme, poire, abricot,
- Y'en a une, qui est en trop,
- C'est l'abricot,
- Qui est en trop!

Abzählreim

- Un petit cochon,
- Pendu au plafond,
- Tirez-lui la queue,

- Il prondra des oeufs,
- Tirez-lui plus fort,
- Il pondra de l'or,
- L'or ou l'argent, qu'est-ce
- que tu aimes le mieux?
- L'argent,
- Va-t'en dedans,
- L'or,
- Va-t'en dehors.

Englische Kinderreime

Bewegungsspiel

- Jack and Jill went up the hill
- To fetch a pail of water,
- Jack fell down and broke his crown
- And Jill came tumbling after.

- Up Jack got and home did trot,
- As fast as he could caper,
- He went to bed to mend his head,
- With vinegar and brown paper.

Dialogspiel

- „Pussy cat, pussy cat, where have you been?"
- „I've been to London
- to look the queen."
- „Pussy cat, pussy cat,
- what did you there?"
- „I frightened a little mouse
- under a chair."

1½ – 2 Jahre

Fangspiel
- Hey diddle diddle
- The cat and the fiddle
- The cow jumped over the moon
- The little dog laughed
- To see such fun
- And the dish ran away
- With the spoon

Finger- und Dialogspiel zum Üben
von Rechts und Links
- „One, two, three, four, five,
- Once I caught a fish alive,
- Six, seven, eight, nine, ten,
- Then I let it go again."
- „Why did you let it go?"
- „Cause it bit my finger so."
- „Which finger did it bite?"
- „This little finger on the right."

Kniereiter
- Yankee Doodle came to town
- Riding on a pony,
- He stuck a feather in his cap,
- And called it macaroni.

In der Küche
- Pat-a-cake, pat-a-cake,
- Baker's man,
- Bake me a cake,
- As fast as you can,
- Pat it and prick it
- And mark it with „B",
- And put it in the oven

- For baby and me.

Handspiel
- Two little dicky birds
- Sat upon a wall
- One named Peter,
- The other named Paul.
- Fly away, Peter!
- Fly away, Paul!
- Come back, Peter!
- Come back, Paul!

Tobe-Spiel
- There was an old woman,
- Who lived in a shoe,
- She had so many children,
- She didn't know, what to do.
- She gave them some broth
- Without any bread,
- Then whipped them all soundly
- and sent them to bed.

(Natürlich wird hier nicht gehauen, sondern nur auf den Po geklopft!)

Anzieh-und Ausziehspiel
- Diddle, diddle, dumpling,
- My son John,
- Went to bed
- With his trousers on:
- One shoe off
- And the other shoe on.
- Diddle, diddle, dumpling,
- My son John

1½ – 2 Jahre

Emotionale Entwicklung

Von Launen, Stimmungen und Gefühlen

Die Zeit zwischen dem 18. und dem 24. Lebensmonat hat es in sich. Ihr Kind durchläuft jetzt wiederum eine anstrengende Phase, was die Entwicklung des kindlichen Gehirns betrifft. Die Kinder sind dann oft weinerlich, quengelig, launisch. In diesen Monaten erweitert sich ihr Emotionsrepertoire: Sie können bereits deutlich spüren, dass Menschen Gefühle verbergen, dass die äußerliche Reaktion nicht unbedingt mit inneren Vorgängen übereinstimmt. Forscher sind überzeugt, dass sich Gedächtnisleistung und Emotionen kaum voneinander trennen lassen. Das eine lässt sich nur mit dem anderen verstehen. Noch wird Handeln und Denken Ihres Kindes weitgehend von seinen Gefühlen bestimmt, und bis zu einem gewissen Grad bleibt das bis ins Erwachsenenalter so. Unsere scheinbar rationalen Entscheidungen werden zumindest von Gefühlen begleitet, wenn nicht gar deutlich beeinflusst. Emotionale und soziale Kompetenz erwirbt ein Kind durch Gefühlsimpulse –

◆ *Wilde Spiele – nicht nur für kleine Raufbolde: Sowohl motorisch starke als auch unbewegliche Kinder leiden häufig unter Aggressivität. Helfen Sie Ihrem Kind, damit es mit seiner starken Motorik behutsamer umzugehen lernt bzw. aus seiner Unbeweglichkeit herausfindet. Es gibt ein paar ganz einfache Spiele (die man übrigens mit jedem Kind machen kann), die Selbstkontrolle und Bewegung fördern. Dazu gehören: Ballspiele, werfen, kicken oder rollen, Kissen werfen, Türmchen bauen, sofort wieder umwerfen und erneut bauen. Ein Tuch oder dickes Seil hin- und herziehen – ein herrlicher Kinderspaß. Machen Sie Spiele, bei denen man etwas zerreißen darf. Geeignet sind dünne alte Stofffetzen oder Zeitungspapier. Die französische Kinder- und Jugendpsychoanalytikerin Françoise Dolto sagt: „Je mehr das Kind äußerlich zerreißen kann, desto weniger ist es innerlich zerrissen." Ständig unterdrückte Aggressionen durch häufiges Strafen, Schimpfen oder Bevormunden*

wenn es beispielsweise Neugier empfindet und Lust auf neue, unbekannte Situationen. Auf der anderen Seite wird es durch eine gesunde Furcht und Misstrauen in unbekannten Situationen gebremst. Jetzt beginnt Ihr Kind, dieses Spannungsverhältnis auszubalancieren – ein Prozess, der uns mehr oder weniger bis ins hohe Alter begleitet.

Ihr Kind hält Sie jetzt vermutlich ganz schön auf Trab. Es braucht Ihre ungeteilte Aufmerksamkeit. Wenn nötig, zieht es diese auch durch Hauen, Kneifen, Zwicken oder Beißen auf sich. Dieses Verhalten hat nichts mit Bösartigkeit oder „schlechter Erziehung" zu tun. Ihr Kind probiert einfach aus, welche Reaktionen Sie zeigen und wie es ihm gelingt, auf sich aufmerksam zu machen.

Nun werden auch andere Kinder als Spielkameraden entdeckt. Dabei geht es nicht immer so harmonisch zu, wie wir uns das vielleicht vorstellen. Bleiben Sie gelassen. Ihr Kind macht seine ersten Erfahrungen mit anderen kleinen Persönlichkeiten, lernt, sich anzupassen und abzugrenzen.

Alles, was auf zwei, vier oder mehr Rädern rollt, fasziniert Ihr Kind

führen zu psychosomatischen Erkrankungen: zu chronischer Verstopfung (die sich oft als Durchfall äußert), zu Hautausschlag und Ekzemen, zu Ohren- und Halsentzündungen.

◆ *Heiß geliebt: Tigertasse, Kuschelkissen & Co.: Sicher haben Sie bereits beobachtet, dass Ihr Kind bestimmte Objekte zu bestimmten Zeiten braucht: seine bunte Tigertasse, die beim Frühstück immer am gleichen Platz stehen muss, den Teddybären, ohne den es nicht schlafen mag. Liebes- und Lieblingsobjekte sind nicht austauschbar und dürfen nicht einfach verschwinden. Vielleicht sind Sie auch schon mal 100 Kilometer*

Deutlich zeigt Ihr Kind jetzt seine Liebe und sein Interesse an Familienmitgliedern, auch solchen auf vier Beinen wie Hund und Katze. Es möchte gern immer mit von der Partie sein und Ihnen bei allem, was Sie tun, helfen. Lassen Sie es möglichst überall „mitarbeiten". Geben Sie ihm auch einen kleinen Eimer mit etwas Wasser und einen Putzlappen, wenn Sie sauber machen. Das mag zwar ein ziemliches Gepansche werden und für Sie einigen Mehraufwand bedeuten, aber auf eine ordentliche, saubere Wohnung kommt es weit weniger an als darauf, bei dem Kind Hilfsbereitschaft und Fürsorge anzulegen und zu fördern. Und ganz nebenbei wird Ihr Kind dabei auch noch manuell immer geschickter. Vergessen Sie nicht: Hilfsbereite Kinder kommen bei anderen Kindern viel besser an. Und kleine und große Freunde wird Ihr Kind einmal mindestens so dringend brauchen wie liebevolle Eltern.

Grenzen setzen und erste Konflikte lösen

Jetzt will Ihr Kind Grenzen kennen lernen und die Reaktionen auf sein Verhalten testen. Es wird vielleicht bevorzugt Dinge tun,

wieder zurückgefahren, um den vergessenen Teddy abzuholen, weil Ihr Kind in tiefste Verzweiflung gestürzt ist. Gerade wenn sich ein Kind bei einem Ausflug oder auf einer Reise in nicht vertrauter Umgebung befindet, braucht es diesen Halt durch einen lieb gewordenen und vertrauten Gegenstand – ob Flasche, Tasse oder Teddybär.

Respektieren Sie auch, dass Ihr Kind seine Liebesobjekte nicht ohne weiteres anderen Kindern zur Verfügung stellen wird. Es mag sie allenfalls mit seinen Eltern „teilen". Das mag uns eigensinnig oder egoistisch erscheinen, für ein Kleinkind stellt jedoch gerade die Anbindung an das Materielle einen wichtigen Erdenbezug dar. Es verbindet sich darüber mit der materiellen Welt.

Teilen fällt manchem Kleinkind noch recht schwer

die Sie verboten haben, zum Beispiel mit der Zahnbürste in der Toilette spielen. Schimpfen ist hier wenig wirksam. Dass sich auch der berühmte „Klaps" verbietet, versteht sich von selbst. Versuchen Sie, ruhig, aber bestimmt aufzutreten. Wenn nötig, ziehen Sie sich zur eigenen Beruhigung kurz zurück, zählen Sie langsam innerlich bis zehn und atmen dreimal kräftig ein und aus.

Versuchen Sie, die Motive Ihres Kindes herauszufinden – auch wenn Ihnen manche seiner Aktionen nach reinem Unsinn aussehen –, und bieten Sie ihm statt eines Verbotes („Die Zahnbürste darf nicht ins Klo") Alternativen an. Vermutlich ahmt es Sie nämlich beim Kloputzen nach. Geben Sie ihm also die Klobürste, und lassen Sie es in Ihrem Beisein ein wenig damit herumfuhrwerken. Damit erweitert es seinen geistigen Horizont und übt sich in der friedlichen Konfliktlösung.

In dieser Phase gebärden sich fast alle Kinder wie die Löwenbabys: Es wird gekratzt, gebissen, mitunter sogar richtig heftig. Schimpfen Sie nicht, wenn Ihr Kleinkind mit Klötzen nach Ihnen oder einem

Vers zum Schlichten

... eines Kinderstreits

- Hick und Hack, die beiden,
- konnten sich gar nicht leiden,
- pufften sich und knufften sich,
- so richtig zwergenwiderlich.
- Streckten sich die Zunge raus,
- bis Hick musst schnell ins Krankenhaus.
- Hack schreibt ihm nen Brief:
- „Ach, liebster Hick,
- bald darfst nach Haus zurück,
- dann wollen wir, hör zu, ich sags
- uns knuffen nur noch donnerstags."

◆ *Wer kann auf unser Kind aufpassen? Viele Eltern stehen jetzt vor der Frage, ob Mutter (oder Vater, falls dieser Erziehungsurlaub genommen hat) wieder zeitweise einer Tätigkeit nachgehen kann. Manchmal besteht aus wirtschaftlichen Gründen ohnehin keine Wahlmöglichkeit. Zunächst: Ein nor-*

anderen Kind wirft, Sie kräftig an den Haaren zieht oder in die Beine beißt. Sagen Sie freundlich, aber bestimmt: „Nein, lass das, das tut mir weh." Nehmen Sie ihm Gegenstände weg, mit denen es um sich schlägt. Versuchen Sie, es abzulenken. Nehmen Sie es auf den Arm oder an die Hand, und fragen Sie: „Möchtest du etwas mit mir spielen, mir etwas erzählen? Wollen wir zusammen ein Bilderbuch anschauen?" Mancher Konflikt lässt sich so lösen, allerdings nicht jeder. Versuchen Sie trotzdem, nicht die Nerven zu verlieren. Bewusste Gleichgültigkeit versteht Ihr Kleinkind hingegen nicht. Es will doch Gefühle und Reaktionen kennen lernen und Grenzen austesten.

Recht robusten Zugriffen sind auch Haustiere ausgesetzt. Auch hier will das Kind Reaktionen kennen lernen. Lassen Sie es nicht allein mit Hund, Katze, Meerschweinchen u.a., so klein und wohldressiert die Tiere auch sein mögen. Selbst dem gutmütigsten Viech wird es manchmal zu viel, und es beißt zu. Das aber kann Ihr Kind unter Umständen in Lebensgefahr bringen. Greifen Sie immer wieder ein, wenn das Spiel zwischen Kind und Tier zu wild

mal entwickeltes, gesundes Kind in liebevollen und gesicherten Verhältnissen kommt mit der stundenweisen Abwesenheit seiner Eltern zurecht, sofern es eine nette, kompetente Person gibt, mit der das Kind vertraut ist. Erfahrungsgemäß funktioniert das am besten, wenn die Abwesenheit, zumindest anfangs, nicht dauernd zu unterschiedlichen Tageszeiten erfolgt. Also nicht mal vormittags, mal nachmittags oder abends – so kann ein Kind nur schwer in einen Rhythmus finden.

Wenn Sie gehen müssen, tun Sie dies mit einem immer gleichen Ritual. Nehmen Sie Ihr Kind bei-

Haustiere als Spielkameraden? Nur wenn die Eltern in der Nähe sind!

wird. „Das mag die Katze nicht. Sie möchte jetzt schlafen. Sie ist müde." Das aggressive Verhalten eines Kleinkindes ist eine noch unausgereifte Form der Kontaktaufnahme und des Interesses.

Auch wenn ein anderes Kleinkind weint, weil es von dem Ihren an den Haaren gezogen oder umgerempelt wurde – Ihr Kind ist nicht „böse". Mischen Sie sich nur ein, wenn wirklich nötig, aber ohne ihm Vorwürfe zu machen. Entfernen Sie es kurzfristig, und lassen Sie es dann wieder mit dem anderen Kind spielen. Vielleicht haben Sie auch beobachtet: Ein Kind, das „Opfer" gewesen ist, schließt den kleinen Aggressor oft regelrecht ins Herz und geht immer wieder auf ihn zu. Es versteht viel besser als wir Erwachsenen, dass es geschubst oder gehauen wurde, weil sich dieses Kind für es interessiert. Noch eine Beobachtung: Oft beginnen Kinder nach aggressiven Phasen zu reden wie ein kleiner Wasserfall – gleichzeitig lassen auch die Übergriffe nach. Jetzt hat es bereits gelernt, wie man mit sprachlichen Mitteln Freundschaft schließen kann. Zeigen Sie Ihrem Kind, wie man sich nach einer kleinen Rauferei versöhnt, indem man auf das

spielsweise an der Tür noch einmal in die Arme, sagen Sie ihm: „Die Mama geht jetzt weg und ist in vier Stunden wieder da. Ich freue mich ganz doll auf dich." Geben Sie ihm einen Kuss und gehen Sie – auch wenn Ihr Kind bitterlich weint oder schreit, denn das Hin- und Herlavieren ist für beide belastend. Ihr Kind wächst emotional daran, wenn es mit Ihrer Abwesenheit zurecht kommen muss.

Überlassen Sie Ihr Kind nur einem Menschen, dem Sie voll und ganz vertrauen, denn Ihr Kind bekommt auch unterschwelliges Misstrauen mit und kann so womöglich in regelrechte Panik geraten. Natürlich haben auch Eltern Anspruch auf kinderfreie Zeit, die sie der Partnerschaft oder ihren Hobbys widmen. Geht es im privaten oder beruflichen Leben jedoch gerade drunter und drüber, oder ist ein Kind krank oder gerade besonders quengelig, sollte man allerdings lieber auf den Kinobesuch verzichten, bis sich die Lage stabilisiert hat.

andere Kind zugeht und ihm ein Spielzeug bringt.

Bevor Ihr Kind freiwillig teilen kann, muss es erst einmal lernen, etwas zu behalten. Zwingen Sie es nicht zu Großzügigkeit oder zum Teilen, denn sonst tut es das womöglich nur, um Ihnen zu gefallen, ohne aber das Prinzip, um das es geht, verstanden zu haben. Sparen Sie nicht mit Lob und Anerkennung für liebevolles Verhalten anderen gegenüber. Das macht Ihr Kind stolz und stark und gibt ihm Mut, auf andere zuzugehen.

Worauf Sie achten sollten

Bei folgenden Verhaltensweisen sollten Sie aufmerken: Ihr Kind reagiert auf andere Babys oder Kinder übermäßig aggressiv oder ablehnend. Machen Sie vorübergehend eine kleine Pause, was Kinderbesuche betrifft, und schenken Sie Ihrem Kind eine Zeit lang weitgehend ungeteilte Aufmerksamkeit. Starten Sie nach zwei Wochen einen neuen Versuch. Ihr Kind lacht und lächelt nicht, auch nicht beim Spiel. Es reagiert überängstlich, verstört und mit heftiger Ablehnung auf anderen Menschen.

Sinnvolles Spielzeug

Alles, was rollt, kullert und Krach macht

Vieles sollte nach Möglichkeit aus Holz sein. Das Material ist lebendiger als Plastik, animiert weit mehr zum Anfassen und ist leichter zu handhaben (Plastik rutscht, zumal in feuchten Kinderhänden). Trotzdem sollten Sie keine „Plastik-Phobie" entwickeln.

- Entscheiden Sie sich jetzt für große, einfach konstruierte Spielsachen: einen Laster, eine Ente mit Schnur zum Hinterherziehen, Holzkugeln. Alles, was rollt und sich dreht, begeistert Ihr Kind. Dazu viele Holzklötze in verschiedenen Größen, Formen, Farben.
- Ebenfalls geeignet: Alles, was Musik (bzw. Krach) macht: eine Triangel, ein einfaches Holzxylophon, eine Trommel, Rasseln, Pfeifen.
- Immer beliebt und sinnvoll: ein großer, weicher Ball, den Ihr Kind gut halten kann.
- Außerdem: eine Kiste mit Kleidungsstücken zum Verkleiden

Baby Walz

Unterwegs mit Kind

Im Auto gehört Ihr Kind selbstverständlich in einen TÜV-geprüften Kindersitz und sofort nach dem Einsteigen sicher angeschnallt. Machen Sie niemals eine Ausnahme, auch nicht auf dem eigenen Grundstück!

Einige 2-3-Jährige können sich nicht nur bereits allein an-, sondern leider auch unterm Fahren blitzschnell wieder abschnallen und klettern dann aus dem Kindersitz. Das ist hoch gefährlich. Fahren Sie in diesem Fall sofort an den Straßenrand oder auf einen Parkplatz und sagen Sie mit fester und strenger Stimme: „Ich fahre nicht mehr weiter, bis du sicher angeschnallt bist. Ich bin sehr wütend, weil du dir schrecklich weh tun kannst."

Inszenieren Sie mit einem angeschnallten (!) Kind zur Not auch mal ein kleines Bremsmanöver bei etwa 10 Stundenkilometern. (Fahren Sie keinesfalls schneller!) Diese kleine Schrecksekunde wirkt manchmal mehr als viele Worte.

Auto fahren macht vielen Kleinen Spaß, den meisten allerdings nur eine halbe Stunde. Aus gutem Grund: Ihr Kind hat keinerlei Bewegungsfreiheit, die Luft ist schlecht, es langweilt sich. Fahren Sie so wenig wie möglich Auto und sooft wie möglich mit dem Fahrrad. Gehen Sie gemeinsam viel zu Fuß. Ausgedehnte Shoppingtouren und Ähnliches unternehmen Sie besser allein.

Lassen Sie Ihr Kind niemals, auch nicht kurz, allein im Auto, um schnell eine Besorgung zu machen. Insbesondere im Sommer droht akute Erstickungsgefahr, auch bei leicht geöffneten Fenstern. Kinder können regelrecht in Panik ausbrechen, wenn man sie allein im Auto zurücklässt. Sie schnallen sich ab, krabbeln weinend im Wagen herum und laufen dabei Gefahr, sich zu verletzen.

Nehmen Sie auf längere Autofahrten eine Begleitung mit, die Ihr Kind ein bisschen unterhält und es mit Tee oder Obst versorgen kann. Es ist völlig unmöglich sich auf den Verkehr zu konzentrieren, wenn auf dem Rücksitz gequengelt, geweint oder – bei mehreren Kindern – gar gestritten wird.

Nehmen Sie auf längere Autofahrten einen Fünf-Liter-Wasserkanister und Waschlappen in einem Plastikbeutel mit. Im Handumdrehen kann sich ein Kind mit einem Keks in ein kleines „Krümel-Monster" verwandeln. Außerdem wird es vielleicht auch einmal gewickelt werden müssen. Nicht immer gibt es in der Nähe Tankstellen mit Sanitäranlagen.

Vergessen sich nicht das Lieblingsspielzeug Ihres Kindes. Ziehen Sie ihm auf längeren Fahrten bequeme, luftige Kleidung an, die man rasch wechseln kann. (Im Winter „Zwiebellook").

Achten Sie darauf, dass es genügend trinkt: Wasser oder ungesüßten Kräutertee, insbesondere, wenn es heiß ist.

Cremen Sie im Sommer Ihr Kind auch im Auto mit einer Sonnenschutzcreme ein.

Vergessen Sie trotzdem nicht: Ihr Kind hat in jedem Fall mehr von Reisen und Ausflügen, wenn Sie Zeit haben, um sich mit ihm zu beschäftigen und sie gemeinsam eine neue Umgebung entdecken dürfen.

Gut zu Fuß sein

Jetzt braucht Ihr Kind allmählich auch gutes Schuhwerk. Investieren Sie lieber hier als in aufwändige Kinderkleidung. Kinderschuhe müssen gut passen, kaufen Sie also nicht auf Zuwachs. (Zeichnen Sie die Kinderfüße auf einen Pappkarton und nehmen Sie diese zum Schuhkauf mit, denn manchmal kann man von außen nicht ertasten, wo die kleinen Zehen nun sind.) Schuhe mit dicker, starrer Profilsohle sind ungeeignet, Kinderschuhe sollten weich und beweglich sein. Turnschuhe sind dann geeignet, wenn sie seitlich und an den Fersen einen festen Halt haben und aus atmungsaktivem Material sind. In der Wohnung genügen rutschfeste Baumwoll-Laufsocken (mit Gumminoppen). Sie sind für die noch ungeformten, weichen Kinderfüße angenehmer und bei weitem gesünder.

Sobald es wärmer ist, sollte Ihr Kind viel barfuß laufen. An den Fußsohlen sitzen viele Nervenenden, die durch direkten Bodenkontakt angeregt sein wollen, auch im Freien. Ideal sind Sand, weicher Rasen oder Erde.

Die Entdeckung des Willens

Warum? Das wird die nächste Zeit das Zauberwort Ihres Kindes sein. Und mit wachsender Eigenständigkeit auch das Wörtchen „Nein". Es beginnt die Zeit des intensiven Spielens, Forschens, Experimentierens. Im Mittelpunkt seines Interesses steht die Natur mit ihren Elementen. Pflanzen, Tiere, Steine, Erde, Sand und Wasser sind wichtiger für Ihr Kind als teures Spielzeug. Denn auch beim Spielen sollten möglichst alle Sinne angesprochen werden. Kinder entdecken ihre Freude an Bilderbüchern, Liedern und Musizieren und tauchen dabei in völlig neue Welten ein.

Körperliche Entwicklung

Mobil sein ist alles – ein Fuhrpark muss her!

Ihr Kind kann nun schon auf den Zehenspitzen stehen und gehen, sich im Kreis drehen, rhythmisch wippen und springen, Stühle, Tische, Sofas blitzschnell erklimmen und von kleinen Höhen herunterspringen. Es kann ein volles Glas Milch sicher von der Küche ins Esszimmer tragen und ein Baby in den Armen gut festhalten.

Auf dem Dreirad entwickelt ein Kind Gefühl für Kontrolle und Risiko

◆ *Unterhaltung für drinnen und draußen: Es gibt unendlich viele Möglichkeiten, sich mit seinem Kind drinnen und draußen „sinnvoll" und vergnüglich zu beschäftigen. Hier einige Anregungen, die Ihnen vielleicht noch viele weitere Ideen kommen lassen:*

• Steine, Wurzeln, Hölzer sammeln und zu Hause daraus etwas basteln, das Ihr Kind darin erkennt – Tiere, Männchen, ein kleines Segelboot etc.

• Aus feuchter Erde oder Sand Knödel in Tennisballgröße formen und um die Wette werfen.

• Steine von Brücken in einen See oder Fluss werfen.

• Das Kind mit Toilettenpapier einwickeln oder es selbst Mama oder Papa einwickeln lassen.

• Schatzsuche: Vertraute Gegenstände (oder ein kleines Mitbringsel) verstecken und in der Wohnung suchen. Anfangs nicht

2 – 2½ Jahre

Einmaliges Forschungsobjekt: Die unscheinbare „Pusteblume"

Es läuft sicher, ja rennt Ihnen mitunter im Zickzackkurs davon. Vermutlich entdeckt es sein Liebe zum Rad. Jetzt kann ein Dreirad angeschafft werden oder ein Rollbrett, wo es sich mit den Füßen vom Boden abstößt und dabei in Fahrt bringt. Letzteres ist ebenso vergnüglich wie ein Dreirad und durch den unmittelbaren Kontakt der Füße mit dem Boden für die Ausbildung von Kraft und Geschicklichkeit sogar noch günstiger. Ein Kind erlebt dabei auch unmittelbarer, dass es selbst sein Gefährt antreibt und entwickelt ein Gefühl für Energieaufwand, Kontrolle und Risiko.

zu schwierige Verstecke wählen, später wird es immer komplizierter.

• Mehrere Schuhe in verschiedenen Größen aufstellen und einen Kiesel oder eine Murmel darin verstecken. Das Kind muss jeden Schuh probieren, ob er „passt"– so lange, bis es den Stein gefunden hat.

• Mit Kreide im Hof ein großes Himmel-und-Hölle-Feld aufmalen und mit dem Kind springen üben, ohne dass es Grenzlinien berührt.

• Eine großzügige Spirale auf den Boden malen und mit dem Kind erst vorwärts, dann rückwärts die Spirale nachlaufen, ohne auf die Linien zu treten.

• Einen begehrten Gegenstand, etwa einen Apfelschnitz (so kann man manchmal Kinder von Obst überzeugen), auf den Tisch legen, langsam bis drei zählen. Wer bei „drei" zuerst zuschnappt, darf den Apfel haben. Lassen Sie oft, aber nicht immer Ihr Kind gewinnen.

• Murmeln verschiedener Größe auf Ziel und Weite hin rollen lassen.

2 – 2½ Jahre

Tritscheln und planschen – Spaß im Wasser

Wasser ist für Kinder das schönste, vielseitigste und faszinierendste Element zum Spielen. Geben Sie ihm dazu reichlich Gelegenheit. Im Kontakt mit dem Wasser lernt es unendlich viel – ob am Wasserhahn zu Hause, in einer kleinen Wanne im Garten, im Schwimmbad oder bei der Beobachtung eines Baches oder Flusses. So schwer es zu fassen ist, kann man doch Wasser in einem Glas „einfangen" oder hinter einem selbstgebauten Damm aus Sand, Steinen, Zweigen und Erde „festhalten". Bestimmte Gegenstände können darauf schwimmen, andere gehen unter. Gegenstände, die im Wasser liegen, sehen anders aus als an Land, und sie sind auch nicht dort, wo man sie vermutet. Wasser kann man trinken und darin baden, es hat verschiedene Temperaturen, Farben und Formen. Es kann Berge und Täler zaubern oder ganz flach und still daliegen wie ein Spiegel.

Ihr Kind hat also viele Möglichkeiten, im Kontakt mit dem Wasser seine sinnliche Wahrnehmung und Beobachtungsgabe zu schulen und seine Geschicklichkeit. Gleichzeitig hat Wasser auch einen therapeutischen Effekt. Es kann einem ängstlichen, besorgten Kind mehr Sicherheit und Selbstvertrauen geben und ein temperamentvolles zu mehr Vorsicht und Selbstverantwortung führen. Gleichzeitig sollten Sie ihm jedoch den allergrößten Respekt davor vermitteln und es niemals zu irgendwelchen tollkühnen Sprüngen oder Spielen animieren, insbesondere dann nicht, wenn Sie nicht in unmittelbarer Nähe sind und sich Ihr Kind noch nicht selbst kurz über Wasser halten kann. Das gilt auch, wenn Ihr Kind mit TÜV-geprüften Schwimmärmchen ausgestattet ist! Luftmatratzen, Schwimmärmchen, kleine Gummiboote u. Ä. dürfen nur in Ihrem Beisein ausprobiert werden.

Vielleicht überlegen Sie sich, mit Ihrem Kind einen Schwimmkurs zu machen – eine gute Idee. Kinder, die schwimmen lernen, erleben dabei nicht nur ein lustvolles und befreiendes Gefühl der Schwerelosigkeit, sie machen überdies oft einen großen Schritt in Richtung Selbstständigkeit, Verantwortungsgefühl und im sprachlichen Ausdruck. Seinem Kind selbst Schwimmen beizubringen kann erfüllend und verbin-

dend sein und die Eltern-Kind-Beziehung auf eine starke, liebevolle und vertrauensvolle Basis stellen. Schließlich liefert sich ein Kind in einem Element, das seine spürbaren Tücken hat, seinen Eltern völlig aus. Im Talmud, einer alten Sammlung von religiösen Texten der jüdischen Tradition steht, dass Eltern ihrem Kind das Schwimmen lehren sollen – im wörtlichen wie im übertragenen Sinn.

Ist Ihr Kind wasserscheu?

Macht gar nichts! Zwingen Sie ein ängstliches, wasserscheues Kind zu nichts, nicht mal dazu, mit einer Zehenspitze ins Wasser zu gehen. Gehen Sie anfangs am und im Wasser nur auf und ab und lassen Sie es mit den Händen hineinfassen. Halten Sie Ihr Kind fest im Arm, und tun Sie nichts gegen seinen Willen. Manche Kinder brechen schon in Panik aus, wenn sie einen Wasserspritzer ins Gesicht bekommen! Denken Sie daran: Ihr Kind muss nicht im Wasser spielen und schon gar nicht bereits jetzt schwimmen können.

Spiele für Wasserratten

- Holzstücke auf dem Wasser schwimmen lassen oder ein kleines Schiffchen bauen und aufs Wasser setzen. Befestigen Sie eine Schnur daran, sodass es Ihr Kind immer wieder zu sich heranziehen kann.

- Basteln Sie ein Wasser-/Windrad – Anleitungen und Material gibt es in vielen Bastelgeschäften. Das Wunderwerk Rad, und was es alles leisten kann, wird Ihr Kind faszinieren und ihm einen Eindruck von physikalischen Vorgängen vermitteln.

- Bauen Sie mit Ihrem Kind einen kleinen Damm an einem Bach, See oder am Meer.

- Werfen Sie mit ihm Steine in verschiedener Größe ins Wasser und zeigen Sie ihm, wie sich die vielen kleinen Wellen ausbreiten und einen immer größeren Bogen beschreiben.

- Spielen Sie mit einem Wasserball.

- Ist Ihr Kind ohne Angst, springen Sie Hand in Hand ins Wasser oder lassen Sie es in Ihre Arme springen. Üben Sie, kurz unterzutauchen, wenn es Spaß daran hat. Zeigen Sie ihm nicht, wie man Augen und Nase zukneift – die meisten Kinder halten sie nämlich offen, und das ist auch gut so. Es soll ja allmählich lernen, sich auch kurzzeitig unter Wasser zu orientieren und mit beiden Händen zu bewegen.

Gezielt eignet sich ein Kind Kulturtechniken wie Malen und Musizieren an

Worauf Sie achten sollten

Kinder, die jetzt noch nicht sicher
laufen, sich nicht bücken können,
ohne umzufallen, brauchen ebenso Hilfe wie auffällig ungeschickte
Kinder. Verzögerungen in der Entwicklung der Feinmotorik lassen
sich unter anderem daran feststellen, dass ein Kind nicht mit relativ kleinen Objekten zurechtkommt, zum Beispiel nicht dicke
Holzperlen auf eine Schnur fädeln
kann, dass es sich noch nicht
Schuhe und Strümpfe ausziehen
kann und Schwierigkeiten hat,
mit Klötzen einen stabilen Turm
zu bauen. Sprechen Sie mit Ihrem
Kinderarzt.

*• Alle verfügbaren Nahrungsmittel
probieren und daran riechen lassen. Erklären Sie, wenn Ihr Kind
keine eigenen Worte findet: „Das
ist salzig, das ist scharf, bitter
oder süß." Dann mit geschlossenen Augen raten lassen: „Wie
schmeckt die Petersilie?" Oder:
„Ist das Petersilie oder Banane?"*

*• Vertraute Gegenstände unter
einem dünnen Tuch verbergen, be-
tasten und raten lassen: Was ist
unter dem Tuch? Steine, ein Apfel,
ein Keks oder der Teddy?*

*• Mit Luftballons Ballspiele üben.
Ballon möglichst lang auf den flachen Händen balancieren, auf dem
Kopf, im Liegen auf Bauch, Rücken
und Fußsohlen. Mit den Händen
(und im Liegen mit den Füßen) in
die Luft werfen.*

*• Seifenblasen zaubern und aufzu-
fangen versuchen – mit den Händen, einem leichten, kleinen Korb,
dem Schmetterlingsnetz oder Kä-
scher.*

2 – 2 1/2 Jahre

2 – 2 1/2 Jahre

Singen und Musik machen

- Bauen Sie mit Ihrem Kind selbst Instrumente: Aus einem Tonblumentopf und einem fest darüber gespannten Fensterleder kann man wunderbar Trommeln in verschiedenen Größen bauen, die dann auch verschiedene Klänge haben.

- Aus einer Anzahl größerer Konservenbüchsen (Vorsicht: scharfe Ränder mit Klebestreifen unschädlich machen!) plus Kochlöffel lässt sich ein „Schlagzeug" konstruieren.

- Füllen Sie verschieden große Gläser mit Wasser, und zeigen Sie, wie man durch kreisförmiges Streichen über den Rand den Gläsern Töne entlocken kann. Ebenfalls Spaß machen Pfeifen und Blockflöten.

- Wenn Sie selbst mal ein Instrument gespielt haben, greifen Sie es wieder auf – gemeinsam mit Ihrem Kind.

Zwischen Intelligenz und Musikalität, wie sie übrigens bei allen Menschen angelegt ist, besteht ein enger Zusammenhang. Nicht nur weil Albert Einstein bis ins hohe Alter Geige spielte. Neue Forschungsergebnisse, wie die von Professor Hans Bastian von der Universität Frankfurt, weisen nach, dass Kinder, die vor dem siebten Lebensjahr ein Musikinstrument erlernten, einen deutlich höheren Intelligenzquotienten aufwiesen als Kinder, die kein Instrument spielten. Auch im Kreativen sind diese anderen Kindern voraus, verfügen über ein hohes Kommunikationsniveau und sind meistens ausgesprochen beliebt unter Gleichaltrigen. Musikalische Kinder neigen weit weniger zu Gewalt und aggressivem Verhalten und besitzen später Ausdauer, Fleiß und Zielstrebigkeit.

Das bedeutet allerdings nicht, dass Sie aus Ihrem Kind nun einen kleinen Mozart machen sollten – und schon gar nicht dann, wenn das Kind nicht den erhofften Spaß an der Musik hat. Vielmehr zählt jetzt und in der nächsten Zeit vor allem die Freude am Musizieren durch Experimentieren. Es wird vielleicht erst mal nur Minuten dabei bleiben, aber lassen Sie Ihr Kind, so oft es will, auf einem Klavier herumklimpern, Geigen- und Celloseiten zupfen. Meine persönliche Erfahrung ist: Auch der Gebrauch durch die Kleinsten hat keinem unserer Musikinstrumente je einen nachhaltigen Schaden zugefügt – und eine gerissene Saite lässt sich ersetzen.

2 – 2½ Jahre

81

Geistige Entwicklung

Kommunikation ist angesagt!

Die rasante geistige Entwicklung, die sich in diesem Alter vollzieht, kann man daran erkennen, dass das Kind eifrigst neue Worte lernt. Es plappert unaufhörlich beim Spiel und kommentiert jede seiner Tätigkeiten. Und es entdeckt neue Kommunikationsformen. Beim Malen entstehen nicht mehr nur abstrakte Striche oder Gekritzel, sondern klar erkennbare Formen. Eines der ersten Bilder, die unser Sohn mit zweieinhalb malte, war ein großer Kreis mit einigen Krakenarmen und vielen Kreisen im Inneren. „Huhn hat viele Eier gegesst", erklärte er mir.

Zu den neu entdeckten Kommunikationsformen gehört auch das geheimnisvolle Telefon. Immer wieder wollen Kinder auch telefonieren, sobald die Mutter zum Hörer greift. Staunend lauschen sie der Stimme am anderen Ende. Manche Kinder reagieren sofort begeistert, andere eher verunsichert und bringen kein Wort heraus.

◆ *Bücher vorlesen und Geschichten erzählen: Schauen Sie oft zusammen Bilderbücher an. Ihr Kind lernt dabei nicht nur ganz andere Welten kennen, sondern auch, sich zu sammeln und zu konzentrieren. Sprechen Sie über die fremden Tiere in dem Bilderbuch – wo sie leben, wie sie sich bewegen, was sie fressen. Erklären Sie die vielleicht fremdartig aussehenden Menschen, Gebäude und die Ereignisse, die auf den Bildern zu sehen sind. Lassen Sie der Fantasie Ihres Kindes bei der Deutung der Bilder freien Lauf. Sie werden überrascht feststellen, was man alles erzählen kann, wo doch auf einer Seite nur ein kleines Hühnchen und ein paar Körner zu sehen sind ...*

Geschichten formen das Erinnerungsvermögen eines Kindes und bilden seine Fähigkeit, abstrakt zu denken. Wenn ein Kind Bruchstücke eines Märchens wiedergibt, vollbringt es eine großartige Leistung: nämlich etwas nicht Sichtbares im Gedächtnis abzurufen

Ihr Kind lebt ganz in der Nachahmung: Ob am Telefon oder beim
Spiel mit der Puppe – es spricht in
ähnlichem Tonfall und mit ähnlichen Worten, wie Mutter und Vater mit ihm reden. Manche Eltern
sind deshalb entsetzt, wenn ihr
Kind plötzlich die Puppe fest auf
den Boden schlägt und „böse,
dumme Puppe" sagt, oder „Puppe
muss Haue kriegen", wo sie ihr
Kind noch niemals geschlagen
oder mit solchen Worten bedacht
haben. Was ein Kind mit solchen
Spielen ausdrückt, ist eine ganze
Sammlung von unterschiedlichen
Erlebnissen, Gefühlen und Gedanken. Es erhöht und verfremdet
das real Erlebte. Es stellt gewisser-
maßen in ihm gewachsene See-
lenbilder dar, drückt das Bild der
machtvollen Eltern, wie es sie in
seiner Fantasie erlebt, aus – ein
großartiger geistiger und sprachli-
cher Akt.

Manche Eltern empfinden den
jetzt bisweilen diktatorischen Ton
ihres Zweijährigen als etwas lästig. Aber ihr Kind übt sich in der
Kraft der Worte, mit der man ja
bekanntlich eine große Wirkung
erzielen kann. Es taucht damit
tief in Sprache und Verständigung
ein. Auch wird sein Aktions- und
Erlebnisradius durch das wach-

Im Spiel mit der Puppe erhöht und
verfremdet ein Kind real Erlebtes

und auszudrücken. Erzählen Sie
die Märchen und Geschichten, die
Ihnen in Ihrer Kindheit wichtig
waren, oder die Andersen- und Ge-
brüder-Grimm-Klassiker. Hier können Sie je nach Stimmung und
Veranlagung Ihres Kindes die Märchen frei abwandeln, weglassen,
was ängstigen könnte, und dafür
andere Szenen üppig ausschmü-
cken. Bald wird Ihr Kind Lieblings-
märchen und -bücher haben und
vielleicht rasch miterzählen. Dabei
können Sie viel über Ihr Kind erfahren: über seine Stimmungen,
seine Gedanken, die Welt seiner
inneren Bilder und auch über das,

2 – 2½ Jahre

In Märchen und Geschichten finden Kinder Antworten auf Lebensfragen

sende Sprachvermögen immer größer, denn nun verstehen nicht nur Mama und Papa, sondern auch die Frau im Supermarkt oder die Nachbarin. Es stellt gezielt Fragen: „warum" ist (wie „nein") ein Zauberwort. Die wichtigste Entdeckung dabei ist, dass Ihr Kind bereits lernt, wie man ein Gespräch fortsetzen und Wissen sammeln kann. So erfolgt auf jede Antwort ein erneutes „Warum?". Warum-Fragen geben ihm den Impuls, nachzudenken, und es lernt zunehmend, logischer zu

was ihm vielleicht Angst macht oder Sorgen bereitet.
Märchen, das wissen wir durch den großen Psychoanalytiker Bruno Bettelheim, erfüllen in einem Kinderleben eine wichtige Funktion. Das Kind kann seine Gefühlswelt, die manchmal nicht nur heil und schön ist, über Märchenbilder ausleben und findet dabei seelische Entlastung und geistige Reife. Märchenfiguren sind Identifikationsmodelle, da sie eingebettet sind in die Empfindungs- und Erlebniswelt des kindlichen Geistes. Sie bereichern durch ihre starke Bildersprache die Fantasie und geben einem Kind die Möglichkeit, sich selbst und die Welt besser zu verstehen. Märchen sind tröstlich, weil hier die Kleinsten und Dümmsten zu Helden werden und die Armen und Schwachen zu starken und schönen Prinzessinnen und Prinzen. Märchen geben eine Antwort auf die Fragen „Wer bin ich, was bedeutet diese Welt, wer sind die anderen Menschen?", – auch wenn ein Kind all diese Fragen jetzt natürlich noch nicht bewusst stellt. Neben Märchen aus aller Welt, die für diese Altersgruppe geeignet sind, können Sie auch Mythen und Sagen, biblische Geschichten oder Fantasiegeschichten erzählen.

denken. Mitunter führen sie in philosophische Höhen, wo uns Erwachsenen manchmal kaum noch eine Antwort einfällt.

Die Gespräche zwischen Kind und Eltern werden somit immer anspruchsvoller, amüsanter und auch anstrengender. Wenn Ihnen auf eine Warum-Frage nichts mehr einfällt, sagen Sie: „Ich weiß es nicht, darüber muss ich erst nachdenken." Dabei macht ein Kind eine ebenfalls wichtige Erfahrung: Meine Eltern wissen auch nicht alles. Oder Sie geben die Frage einfach zurück: „Was denkst du, wo die Engel wohnen?" „Warum das Wasser nass ist?" Für Ihr Kind ist es nämlich gar nicht wichtig, ob es eine exakte und sachlich richtige Antwort bekommt. Es möchte sich in erster Linie mit Ihnen unterhalten.

Worauf Sie achten sollten

Mögliche Alarmsignale: Ihr Kind hat wenig Spaß am Sprechen, beherrscht nur wenige einsilbige Worte, die es immer wieder einsetzt, auch in sichtbar falschen Zusammenhängen. Es hört Ihnen nicht zu, wenn Sie ihm etwas sagen, vorsingen oder Geschichten erzählen.

Anders als beim Erzählen erlahmt das Interesse des Kindes beim Vorlesen (oder Kassette-Hören, die meist nur eine Geräuschkulisse bildet, an die Sie Ihr Kind noch nicht unbedingt gewöhnen sollten) häufig noch sehr bald. Wenn Sie vorlesen, blicken Sie währenddessen oft hoch und versuchen Sie, frei zu sprechen und Augenkontakt mit Ihrem Kind zu halten. So kann es sich besser konzentrieren, denn beim Vorlesen verliert die Stimme leicht an Farbigkeit und Ausdrucksstärke.

Machen Sie zwischen den einzelnen Sätzen längere Pausen, damit Ihr Kind das Gehörte verarbeiten und Fragen stellen kann, wenn es etwas nicht verstanden hat oder ihm zu den Geschichte selbst etwas Lustiges oder Interessantes einfällt.

Fragen Sie: „Soll ich jetzt weiterlesen?" Wenn Ihr Kind verneint, dann plaudern Sie lieber noch ein wenig zusammen.

Übrigens: Länger als 10 Minuten hört in diesem Alter kaum ein Kind zu.

2 – 2½ Jahre

Emotionale Entwicklung

Entstehung des Ich-Gefühls

Ihr Kind entwickelt weiter Willens- und Ich-Stärke. Am Ende der Trotzphase (mit ca. 3 bis 3 1/2 Jahren) unterscheiden die meisten Kinder sicher zwischen Ich und Du, d.h., sie sprechen nicht mehr in der dritten Person von sich. Es sagt „Ich will Saft", nicht mehr „Lina will Saft". Ihr Kleinkind wird Grenzen suchen und erfahren – begleiten Sie es mit Liebe, Aufmerksamkeit und Geduld.

„Will nicht!" Manchmal lösen schon Kleinigkeiten heftige Wutanfälle aus

◆ *Trotzen – mehr als nur ein notwendiges Übel: Früher oder später ist es so weit. Ihr Kind bekommt einen ausgewachsenen Wutanfall, nur weil Sie den Saft in die falsche Tasse gegossen haben. Oder weil es keine Socken anziehen will. Oder weil es unbedingt an der Rolltreppe spielen möchte. Nur wenige Kinder durchlaufen keine Trotzphase – seien Sie froh, wenn Ihr Kind sie erleben darf. Das Trotzen steht in engem Zusammenhang mit der Entdeckerfreude, der Neugier, der Lust an Selbstständigkeit, dem Spaß an der Bewegung, dem wachsenden intellektuellen Verständnis und den immer besseren motorischen und manuellen Fertigkeiten. Dennoch sind diese Fähigkeiten noch nicht perfekt ausgebildet – Ihr Kind hat also manchmal allen Grund, in ohnmächtige Wut zu geraten, wenn ihm etwas misslingt, wenn Verbote seinen Bewegungsspielraum eingrenzen, wenn es sich anpassen muss und seinen Willen und seine Bedürfnisse einmal nicht durchsetzen darf.*

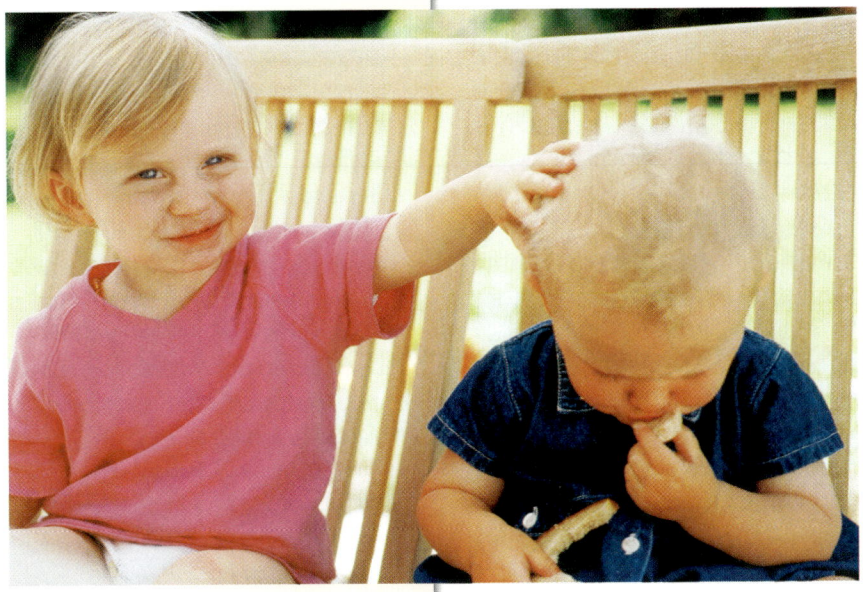

Erste Freundschaftsbekundungen
geraten nicht selten temperamentvoll

Das Kind sucht jetzt gezielt Kontakte und Freundschaft mit anderen Kindern, zieht häufig schon bestimmte Kinder beim Spiel vor und lehnt andere ab. Dabei kommt es jetzt mitunter zu Konkurrenzkämpfen, gemeinsames Spielen und Teilen gestalten sich manchmal recht schwierig.

Unter Umständen wird Ihr Kind von heftiger Eifersucht gepackt, wenn ein anderes Kind Ihre Aufmerksamkeit oder Zuwendung auf sich zieht. Kleine Geschwister werden herzlich geknuddelt, aber

Ihr Kind macht in der Trotzphase zwei wichtige Erfahrungen: Einmal lernt es die Bandbreite auch heftiger Gefühle kennen, und es erlebt, dass es damit nicht allein bleiben muss. Zeigen Sie, dass Sie sein Anliegen verstanden haben. „Ich weiß, du willst die Schlittschuhe allein anziehen. Aber es ist so kalt hier auf dem Eis. Ich friere." Bieten Sie ihm höflich Ihre Hilfe an. „Darf ich dir helfen?" Beruhigt es sich trotzdem nicht, bleiben Sie während eines Wutausbruchs in seiner Nähe, damit es sich nicht verletzt. Legen Sie ihm sanft eine Hand auf den Kopf, und streicheln Sie es: „Ich verstehe dich."

2 – 2½ Jahre

87

auch völlig überraschend links liegen gelassen oder zu Opfern seiner Eifersucht. Es lernt schmerzlich heftige Gefühle kennen und kommt damit oft noch nicht gut zurecht. Das ist völlig normal.

Ohne innere und äußere Kämpfe kann Entwicklung nicht abgehen. Strafen Sie nicht für Eifersucht, signalisieren Sie Verständnis. Strafen macht die Sache nur noch schlimmer, und Ihr Kind zieht den Schluss, dass es gewisse Gefühle unterdrücken muss. Damit sind sie aber nicht aus der Welt geschafft, sondern brechen bei anderer Gelegenheit heraus und machen Kind und Eltern unglücklich.

Von einer Mutter hörte ich, dass sie bei den Trotzanfällen ihrer drei Söhne immer den Bach-Choral „Großer Herr und starker König" auflegte. Die eindrucksvolle Musik beruhigte ihre Kinder sofort. Sie fühlten sich gestärkt, auch wenn sie ein ungelöstes Problem gerade in Rage versetzt hatte. Fast jedes Kind ist durch eine bestimmte Geste zu erreichen. Finden Sie heraus, was Ihrem Kind aus seiner Wut heraushilft.

Verwirren Sie Ihr Kind nicht mit einer Vielzahl von Erklärungen, das bringt es nur auf – und macht Sie noch ungeduldiger. Formulieren Sie Verbote klar, eindeutig und

Wenn ein kleines Geschwisterkind da ist ...

Wenn Sie noch ein Baby zu versorgen haben, achten Sie darauf, dass Ihr Kind Ihnen helfen darf. Zeigen Sie ihm, dass Sie stolz sind, wie liebevoll und gut es mit dem Geschwister umgeht. Beschützen Sie Ihr Baby nicht nur. Auch ein Zweijähriger kann es schon mal in Ihrem Beisein ausziehen und wickeln. Babys sind robuster, als man denkt. Die meisten lieben kleine Kinderhände, die sie kitzeln und streicheln. Schenken Sie bestimmte Stunden nur Ihrem „großen" Kind, damit es spürt: Mama hat immer noch Zeit für mich, ich bin noch genauso wichtig wie früher. Ihr Kind lernt jetzt viel über das Lieben, über das Teilen und Verzichten-Können. Es erfährt, dass seine Eltern mehr als einen Menschen lieben können, dass Liebe teilbar und gleichzeitig unteilbar ist.

Trotz

... wenn die Situation verfahren ist

Kommen Sie mit einem trotzigen Kleinkind überhaupt nicht zurecht, wenden Sie sich an eine Familienberatungsstelle. Das ist kein erzieherischer Schiffbruch oder ein Makel, sondern zeigt nur, wie sehr Sie Ihr Kind lieben und dass Sie die Bereitschaft haben, ihm und sich aus einer verzwickten Lage herauszuhelfen.

Worauf Sie achten sollten

Achten Sie darauf, wenn Ihr Kind nach einem Verbot oder einer Missbilligung untröstlich ist, apathisch wirkt und sich von Ihnen abwendet, wenn es sich bei Wutausbrüchen vorsätzlich und wiederholt verletzt. Wenn es einen ständig angespannten oder völlig lethargischen Eindruck macht, kein Interesse an Kontakten mit anderen Kindern und wenig Freude am Spielen hat. Wenn Sie öfter, als Ihnen lieb ist, „ausflippen" oder Ihrem Kind gar Klapse geben. Dann brauchen Sie und Ihr Kind rasch kompetente Hilfe.

mit fester, ruhiger Stimme: „Komm da weg, du tust dir weh." Es braucht gewiss das Gefühl von Freiheit, aber gleichzeitig einen sicheren Halt. Nehmen Sie Ihr Kind nach einem Wutanfall in die Arme. So erlebt es: Auch wenn ich ausflippe, haben mich Papa und Mama lieb.

◆ *Auch Eltern haben Nerven: Es soll ja vorkommen, dass Eltern ebenfalls die Nerven verlieren, wenn ihr Kleinkind sie mit Wutanfällen traktiert oder wenn sie einen schlechten Tag hatten. Hinterher tut es uns Eltern natürlich sehr leid. Wir wissen ja instinktiv, dass es unser Kind nicht böse gemeint hat, sondern einfach nicht anders konnte. Erklären Sie Ihrem Kind: „Es tut mir leid, dass ich so wütend war. Ich hatte heute richtig schlechte Laune, und außerdem war es noch so schrecklich heiß." Ihr Kind wird Sie verstehen und froh sein, wenn Sie nicht mehr böse sind. Natürlich sollte es nicht ständig dazu kommen, dass Sie die Nerven verlieren. Doch hin und wieder ist es für Ihr Kind ganz gesund, zu erleben, dass auch Eltern Grenzen haben und dass es nicht schlimm ist, wütend zu sein, weil man sich hinterher wieder ganz fest lieb haben kann.*

2 – 2½ Jahre

89

2 – 2½ Jahre

Sinnvolles Spielzeug von 2 bis 2 1/2 Jahre

Alles, was Mobilität und Ich-Gefühl fördert

- Da der Gleichgewichtssinn Ihres Kindes nun schon recht weit entwickelt ist, wird es Zeit für einen Roller, ein Rollbrett, bei dem es sich mit einem Fuß abstoßen kann, oder ein Dreirad. So macht die Bewegung an der frischen Luft doppelt so viel Spaß!

- Mehr und mehr Interesse hat Ihr Kind nun an Büchern; es ist schon in der Lage, kleinen Geschichten, die Sie ihm vorlesen, zu folgen. Märchen faszinieren es und regen seine Fantasie an.

- Musikinstrumente, gerne auch selbstgebastelte: Tröten, Trommeln, Xylophone.

- Der Umgang mit Wasser begeistert Ihr Kind: Wenn es nun nicht gerade Sommer ist und Besuche im Freibad anstehen, kann es sich in der Badewanne mit vielen lustigen Plätscherspielen vergnügen. Wichtig sind dafür verschieden geformte, unterschiedlich große Gefäße: bunte Plastikwürfel, leere

Bilderbücher regen die Phantasie an und stillen den Wissensdurst

Joghurtbecher, Kunststofftassen, Kannen aus dem Puppengeschirr etc.; beliebt sind auch Wassermühlen, deren Rad sich dreht, wenn man Wasser in den Trichter füllt.

Typisch Junge? Typisch Mädchen?

Ihr Kind entdeckt sein Geschlecht

Viele Eltern machen sich Gedanken darüber, wie sie es verhindern können, dass aus ihrem Sohn ein kleiner Macho wird und aus ihrer Tochter eine kapriziöse Prinzessin. Doch was macht einen Jungen, was ein Mädchen aus? Welche Kriterien befördern bzw. verhindern die typische Geschlechtsidentität?

Darüber sind sich nicht mal Experten einig. Nur so viel scheint festzustehen: Es dauert viele Jahre, bis ein Kind herausgefunden hat, wer es ist. Als Persönlichkeit und als Geschlecht.

Doch bereits Babys nehmen an Kleidung, Stimme, Haut und Haaren wahr, ob jemand Frau oder Mann ist. Mit Hilfe diese Indizien vermuten sie zunächst nur das Geschlecht und das, welchem sie angehören könnten. Diese Vermutungen führen nun zunächst zu bestimmten Verhaltensmustern des Kindes – und seiner Bezugspersonen, also in erster Linie Mutter und Vater, später Großeltern, Geschwister und Spielkameraden.

Hier scheint nun des Pudels Kern zu liegen: Kinder ernten Anerkennung und Zuspruch oder Ablehnung von ihren Eltern, je nach dem, wie sie sich verhalten. Wird dem kleinen Mädchen, das ein Spitzenkleid anhat, signalisiert, „du siehst süß du aus", versucht es, sich diese „Belohnung" immer wieder zu holen. Ein Junge, dem in gleicher Aufmachung Gelächter zuteil wird, was Distanz und Ablehnung zeigt, wird die Wiederholung einer solchen Situation bewusst und unbewusst vermeiden.

Bis zum 4, 5 Lebensjahr, manchmal sogar noch länger, glauben beinahe alle Kinder, dass man sich das Geschlecht quasi an- und ausziehen, d.h. beliebig tauschen kann. Unser damals 2-jähriger Sohn ließ sich von seinen drei Schwestern mit Begeisterung in ein Mädchen verwandeln. Mit Ballett-Tutus, Haarschleifen und Schminke, Gretel-Perücke spielte er Prinzessin, „feine Dame", Tänzerin. Er wollte dazu gehören.

Eltern sollte diese oder ähnliche „Spiele" mit den Geschlechtsidentitäten zulassen und ein Kind nicht zu früh darauf festlegen, wie Jungen oder Mädchen angeblich sind. In diesem Alter spielen Kinder noch mit den Geschlechterrollen. Das gibt ihnen Sicherheit und hilft ihnen, eine eigene Identität zu finden.

Durch genaue Selbstbeobachtung und Selbsterziehung lassen sich Reaktionen auf Aussehen, Verhaltensweise und Fähigkeiten seines Kindes überprüfen. Wie reagiere ich, wenn mein kleines Mädchen von oben bis unten mit Erde beschmiert, mit zerkratztem Gesicht und aufgescheuerten Knien zu mir kommt? Bin ich dann besorgt oder ängstlich? Gefällt mir das oder reagiere ich ablehnend?

Manchmal identifiziert sich ein Kind mit für uns schwer erträglichen Stereotypen. Mädchen spielen ausschließlich Barbie, Jungen nur mit Holzschwertern und Pistolen. Hindern wir sie nicht daran. Je intensiver ein Kind diese Klischees leben darf, desto eher löst es sich von allzu rigiden Vorstellungen – sofern es nicht dauernd von allen Seiten darin bestärkt wird. Respektieren Sie die Persönlichkeit Ihres Kindes. Das heißt, es darf die Variante, wie es einmal Frau oder Mann sein will, selbst bestimmen.

Häufig werden zwischen 2 und 3 die ersten Fragen zur Sexualität gestellt. Geben Sie kurze, verständliche Antworten. Erklären Sie: „Weil sich Mama und Papa ganz fest lieb hatten und umarmten, bist du (oder ein Geschwister) entstanden. Du bist wie ein Samenkorn in mir gewachsen. Und eines Tages habe ich dich geboren."

Wenn Ihr Kind schon vertraut ist mit den Vorgängen in der Natur, können Sie sagen: „Es war ein bisschen so, als ob die Henne ein wunderschönes Ei legt, aus dem später das Küken heraus schlüpft. Nur hattest du keine Eierschale um dich herum."

Vermeiden Sie jede moralische Wertung und eine betont wissenschaftliche Sachlichkeit. Die versteht Ihr Kind nämlich noch gar nicht. Stellt Ihr Kind Fragen zu seinem Körper, erklären sie kurz: „Papa und alle Jungen haben einen Pimmel. Mamas und alle Mädchen eine Scheide. Später bekommen Mädchen einen Busen. Damit sie ihr Baby ernähren können."

2 – 2½ Jahre

2½ bis 3 Jahre

Die Entdeckung des Ich

Immer noch sind Sie die wichtigste Bezugsperson Ihres Kindes. Doch der Kreis erweitert sich. Ihr Kind zeigt zunehmend Interesse an der Verwandtschaft, freundet sich mit Oma und Opa und anderen Kindern an. Mit wachsender Geschicklichkeit lernt es die verschiedensten Kulturtechniken zu handhaben, kann bald genauso gut mit Löffel und Gabel umgehen wie mit Malkreiden. Es lernt Musik, Tanz und Reime lieben und zeigt täglich als kleiner Wortakrobat sein unglaubliches Sprachtalent. Mit gezielten Fragen kommt es allmählich den vielen Geheimnissen des Lebens auf die Spur.

Körperliche Entwicklung

Von Baumeistern und Forschern

Beim Malen, Zeichnen, Konstruieren, Bauen und den alltäglichen Verrichtungen zeigt sich eine erstaunliche Geschicklichkeit der Hände. Ihrem Kind gelingen bereits komplizierte Gebilde aus Wachs und Knete, auf dem Malpapier, beim Spiel mit Legosteinen oder beim Türmebauen mit Holzklötzen. Manche Zeichnungen lassen sich schon exakt identifizieren: Ein Mensch, ein Baum, ein Tier entstehen. Jetzt kann sich Ihr Kind weitgehend allein ausziehen und oft schon anziehen. Schnürbänder und andere komplizierte Konstruktionen sind ihm allerdings noch ein Rätsel.

Für Eltern wird jetzt manches leichter: Das Kind kann allein eine Treppe hochgehen, mit einem Fuß pro Schritt. Es kann bereits ausdauernder laufen. Eine halbe bis eine Stunde schaffen die meisten Kinder problemlos, manche sogar schon zwei bis drei Stunden, wenn sie genügend Zeit und Muße haben, um ihre Neugier zu befriedigen und ihren Forscher-

◆ *Augen auf im Straßenverkehr:*
Beginnen Sie, Ihrem Kind in kleinen Schritten ein aufmerksames Verkehrsverhalten beizubringen. Nehmen Sie sich dafür auf Spaziergängen viel Zeit. Es lohnt sich, aber es wird insgesamt noch Jahre dauern, bis Ihr Kind verkehrssicher ist. Es kann noch lange nicht Entfernungen oder die Geschwindigkeit fahrender Autos einschätzen. Es weiß selbstverständlich nicht, wann und wie ein Auto abbiegt, und aufgrund seines durch

„Wir brauchen vier Umarmungen pro Tag zum Überleben. Wir brauchen acht Umarmungen pro Tag zur Erhaltung. Wir brauchen zwölf Umarmungen pro Tag, um zu wachsen."

Virginia Satir

„On the road again" – mit dem Spielauto wird die Gegend erkundet

drang auszuleben, wenn sie auf dem Weg vieles sehen, riechen, hören und anfassen dürfen.

Ihr Kind kann jetzt kurz auf einem Bein und auf den Fußspitzen stehen, ohne umzufallen. Es kann ein bis zwei Treppenstufen hinunterhüpfen und kleine Hürden überspringen. Es kurvt begeistert mit seinem Dreirad durch die Wohnung oder im Hof umher. Lassen Sie es dabei niemals unbeaufsichtigt. Es gelingt nämlich manchmal schon eine rasante

die geringe Körpergröße eingeschränkten Gesichtsfeldes kann es Verkehrssituationen nicht annähernd überblicken. Es gehört also an Ihre Hand, wenn Sie eine Straße überqueren.

Zeigen Sie Ihrem Kind, wie Ampeln funktionieren, wie sie in gewissen Abständen von Grün auf Rot bzw. umgekehrt umschalten. Diese Farben sollte es bereits erkennen. Falls nicht, fragen Sie Ihren Augenarzt, ob eventuell eine Farbenblindheit vorliegt. Erklären Sie, dass man nur bei Grün gehen darf und bei Rot in einem Sicherheitsabstand auf dem Gehsteig warten muss. Ebenfalls an die Hand gehört Ihr Kind beim Ein- und Aussteigen in öffentliche Verkehrsmittel sowie auf Rolltreppen.

Lassen Sie es jetzt und in den kommenden Jahren niemals ohne Aufsicht in der Nähe einer Straße spielen.

◆ *Vorhang auf – Spiel mit Hand- und Fingerpuppen: Gern spielen Kinder mit Finger- und Handpuppen, was die manuelle Geschicklichkeit und Feinmotorik fördert. Spielen Sie mit Ihrem Kind Geschichten nach, die es kennt, oder erfinden Sie mit ihm neue.*

2½ – 3 Jahre

Fahrt, bei der man kaum hinterherkommt. Lassen Sie Ihr Kind so viel wie möglich allein machen und animieren Sie es dazu falls es nicht so viel Interesse daran hat. Geben Sie liebevolle, kleine Hilfestellungen, weitermachen kann Ihr Kind dann meist allein.

Mit 3 Jahren sollten Kinder nicht mehr ausschließlich gefüttert werden, sondern weitgehend selbstständig essen und trinken. Ebenso sollten sie allmählich die Vorgänge im Zusammenhang mit Töpfchen oder Toilette kennen und allein beherrschen: Klotür öffnen, Toilettendeckel hochklappen, spülen, Kleidchen hochstreifen und (Unter-)Hose herunterziehen. Achten Sie auf praktische Kleidung ohne komplizierte Verschlüsse. Beim Waschen und Zähneputzen müssen Sie allerdings noch ein ganze Zeit lang behutsam assistieren.

Worauf Sie achten sollten

Bei folgenden Verhaltensweisen sollten Sie aufmerken: Ihr Kind ermüdet beim Laufen und bei jeder anderen körperlichen Bewegung sehr rasch, sieht schnell blass, erschöpft und müde aus und möchte eigentlich immer

Manschen und Panschen sind wichtig für die Intelligenz-Entwicklung

Fingerpuppen lassen sich leicht selbst basteln: Bunte Taschentücher werden über die Fingerkuppe gehängt, ein Band um die Fingerkuppe geschlungen und verknotet, schon sind Kopf und Körper fertig. Fingerpuppen kann man Hüte aus Streichholzschachteln aufsetzen, aus Eierschalen oder halbierten, ausgepressten Zitronen. Ihrem Kind fällt bestimmt noch viel mehr ein!

Auch einfache Handpuppen kann man im Handumdrehen herstellen.

2½ – 3 Jahre

99

Bilder malen – Ihr Kind lernt über Kunst sich auszudrücken

noch lieber ausschließlich im Buggy gefahren bzw. getragen werden. Es kann noch keine Treppen hinauf- und hinuntergehen. Es hat große Angst auf Schaukeln, Wippen, Schlitten und anderem Spielgerät, zeigt wenig Interesse, sich diesen Dingen überhaupt zu nähern, obwohl es noch nie eine schlechte Erfahrung damit gemacht hat. Ihr Kind reagiert nicht mit seinem Körper, wenn es Musik hört und Sie es zum Tanzen auffordern.

Knöpfe mit großen Knopflöchern machen ihm ebenso viel Mühe wie ein weites Hemdchen über

Die Köpfe werden aus Pappmaschee (Masse aus Zeitungspapier und Kleister) hergestellt, die Körper bestehen aus einem Stück Stoff. Je simpler die Handpuppe, desto besser. Die Fantasie Ihres Kindes hat umso mehr Raum, je weniger die einzelnen Figuren durch ihr Aussehen auf bestimmte Rollen (Kasperle, Prinzessin, Polizist) festgelegt sind. Verwandeln Sie Handpuppen mit Accessoires, die Ihr Kind kennt und mag: mit Kränzen aus Gänseblümchen, Blätterkleidern oder Bast-Haaren.

den Kopf zu streifen. Auch beim Umgang mit Stiften hat es Schwierigkeiten. Es gelingt ihm nicht, allein mit dem Löffel oder der Gabel zu essen bzw. aus einer Tasse zu trinken, ohne dass alles daneben geht.

Ihr Kind muss jetzt noch nicht sauber sein – dennoch sollten Sie aufmerksam werden, falls es noch gar kein Interesse an Töpfchen oder Toilette zeigt.

Checken Sie sein Hör- und Sehvermögen: Kann es Gegenstände in drei Meter Entfernung erkennen? Spricht es spontan und reagiert auf Ihre Stimme, wenn Sie es aus einem anderen Zimmer rufen? Prüfen Sie seine Wahrnehmungsfähigkeit: Kann es große Murmeln in einem Säckchen als Kugeln ertasten? Und mit geschlossenen Augen durch Anfassen und Befühlen ein vertrautes Spielzeug, Puppe oder Auto, identifizieren? Falls nicht, wenden Sie sich an Ihren Kinderarzt.

◆ *Knete, Kreide, Fingerfarben: Neben Farben, Malstiften und großflächigem Papier (Tapetenbahnen) gehören jetzt unbedingt Knete, Wachs und eine Kinderschere mit zum Handwerkszeug der Zweieinhalb- bis Dreijährigen. Kinder sollten nach Herzenslust mit (Finger-)Farben herumpanschen, mit Stiften und Kreide kritzeln und mit der Kinderschere schnippeln dürfen.*

Warum immer nur auf dem Papier malen und matschen ...?

2½ – 3 Jahre

Wie sich das Gewissen bildet

Eine Zeit lang war es verpönt, im Zusammenhang mit kleinen Kindern von Gewissensbildung zu sprechen. Heute wissen wir allerdings, dass Scham- und Schuldgefühle in gewissen Grenzen die seelische und geistige Gesundheit nicht beeinträchtigen. Dass eine liebevolle Gewissensbildung früh angelegt werden muss, damit sie später ein tragfähiges moralisches Gerüst bilden kann.

Ein Kind im 3. Lebensjahr nimmt bereits deutlich wahr, wenn es sich den Unmut eines Elternteil durch eine verbotene Handlung oder ein unerwünschtes Verhalten zuzieht. Es weiß bereits: „Ich darf das Apfelmus nicht auf den Teppich schmieren, Mama mag das nicht." Trotzdem tut es das, manchmal sogar wiederholt. Aus gutem Grund: „Grenzerfahrungen" gehören zur Gewissensbildung mit dazu. Natürlich stecken auch Neugier und „Forschergeist" dahinter. Ihr Kind will wissen, wie Apfelmus auf einem Teppichboden aussieht und wie Sie darauf reagieren, ist mindestens genauso interessant. Seien Sie ihm deshalb nicht böse, aber bleiben Sie

konsequent dabei: „Ich mag kein Apfelmus auf meinem Tepppich. Jetzt holen wir einen Putzlumpen und wischen es zusammen weg."

Gewissen entsteht nicht nur durch gute oder schlechte Gefühle, sondern auch durch Verstehen und Nachdenken. Das wird Ihnen vielleicht auffallen: Während einer verbotenen Handlung denken viele Kleinkinder laut nach. Ich sehe noch immer unsere älteste Tochter als etwa 2-Jährige energisch eine frisch verputzte Wand mit einem Hämmerchen bearbeiten (zum wiederholten Mal). Dabei murmelte sie vor sich hin: „Mama, aaabeiten, gans böse." Sie erfasste damit zwei Abstraktionsebenen. Einmal wusste sie, dass ich nicht wollte, dass sie den frischen Putz wieder herunterklopfte, andererseits war das für sie durchaus kein Spiel, sondern Arbeit, die sie von einem Handwerker abgeschaut hatte. Ich habe ihr das Hämmerchen weggenommen und gesagt. „Das ist keine gute Idee!"

Sie war etwas beschämt und hatte gewiss auch ein schlechtes Gewissen. Doch am Nachmittag sind wir zu einer Baustelle gelaufen und haben uns dort ein paar Ziegel schenken lassen. Die durfte sie dann nach Herzenslust bearbeiten. Unsere Wand war fortan tabu.

Kindliches Handeln und kindliches Denken gehören zusammen. Deshalb lässt sich die Verhaltensweise eines Kindes durch Nachdenken und Verstehen verändern. Beschämung ist nur dann akzeptabel und human, wenn darauf Zuwendung, Verzeihen und erneutes Akzeptieren folgt. Und zwar so, dass der Betroffene eine Alternative zu nicht wünschenswerten Verhaltensweise angeboten bekommt.

Wird etwa ein kleines Geschwister gebissen und gehauen, muss ein „Hör' auf, du tust dem Baby weh" erfolgen. Nicht das unpersönliche „Das tut dem Baby weh." Doch anschließend sollte das Kind die Gelegenheit haben, sich um das Baby zu kümmern. Damit wird ein Erkenntnisprozess möglich: Man kann ein Baby nicht nur beißen, sondern auch streicheln, kitzeln, wickeln und ihm die Flasche geben. Dabei lernt Ihr Kind: Mama vertraut mir und traut mir zu, dass ich das auch kann. Ich habe etwas Falsches gemacht, aber ich kann es jetzt richtig machen.

Wir können nicht sämtliche „böse" Emotionen wie Scham und Schuldgefühle aus dem menschlichen Leben verbannen. Auch nicht bei einem Kleinkind. Sie sind ebenso wichtig für Lernen und Verhalten wie angenehme, „gute" Emotionen. Ein Kind muss lernen, über seine Handlungen nachzudenken, erkennen, wann es einen Fehler gemacht hat, und wissen, wie man ihn wieder gut machen kann.

Die Gewissensbildung gelingt am ehesten, wenn Eltern nicht nichtreagieren oder überreagieren. Und wenn sie ihre Reaktionen nicht von Stimmungen abhängig machen. Putzabklopfen, Mama mit den Füßen treten, Baby zwicken ist nicht erlaubt, egal, ob die Sonne scheint oder nicht. Nur so können zunächst abstrakte Normen und Werte von einem Kind allmählich verinnerlichen werden.

Geistige Entwicklung

Das Erinnerungs- und Abstraktions- vermögen setzt ein

Dreijährige verstehen bis zu 3000 Begriffe und verfügen über einen aktiven Wortschatz von 200 Worten. Sie verwenden bereits einige Satzkonstruktionen wie „will Lego spielen" oder „muss Pipi machen". Sie besitzen ein erstaunliches Erinnerungsvermögen an Gegenstände, Orte oder Menschen, die sie einmal gesehen haben.

Charles Nelson von der Universität Minnesota meint, dass erst weitere Areale der Großhirnrinde reifen müssen, damit ein Erlebnis hängen bleibt. Mit drei ist es so weit. Als Erwachsene können wir unsere frühesten, erinnerten Kindheitserlebnisse dem Zeitraum zwischen 3 und 5 Jahren zuordnen – davor liegt die Erinnerung im Dunkeln.

Als echte Forscher und Entdecker können die bald Dreijährigen bereits Gesetzmäßigkeiten erkennen: Aus einer Banane kann man mithilfe einer Gabel Mus machen.

◆ *Charlie Chaplin & Co.: Lachen ist angesagt: Sie werden feststellen: Auch Kleinkinder haben bereits einen ausgeprägten Sinn fürs Komische, für Witz und Humor. Humor und Lachen sind unabdingbar für unsere seelische und körperliche Gesundheit, für Intelligenzentwicklung und Erinnerungsvermögen. Fröhliche Menschen lernen leichter und sind motivierter, auch Hürden im Leben zu nehmen. Scherzen und Lachen machen das Zusammenleben sorgloser, entspannter und intensiver.*

Kleinkinder sind unendlich dankbar für das Lachen ihrer Eltern. Sie lieben es, wenn sich Papa vor ihren Augen in Charlie Chaplin verwandelt oder Mama mit ihnen herumalbert. Bringen Sie Ihr Kind durch lustige Gesichter und Grimassen zum Lachen oder indem Sie sich in einen großen, dicken Bären verwandeln und hinter ihm herjagen. Ihrer Fantasie und der Ihres Kindes sind keine Grenzen

Spiele in der Natur stärken sein Ich und sein Immunsystem

Wenn das Milchglas umkippt, breitet sich ein See aus. Solche Erkenntnisse brauchen aber eine Vielzahl von Wiederholungen! Für Eltern ist das weniger anstrengend auszuhalten, wenn sie wissen, dass ihr Kind sie nicht ärgern, sondern forschen will.

Gegen Endes des 3. Lebensjahres beginnen fast alle Kinder, sich intensiv mit abstrakten Begriffen und Vorgängen wie Leben und Liebe zu befassen. Oder mit dem Wetter. Sie rätseln, warum es regnet, woher die Babys kommen, wie der „liebe Gott" aussieht, warum die Sonne heiß ist. Und sie

gesetzt. Damit stärken Sie das Band zwischen sich und Ihrem Kind, fördern seine Beobachtungsgabe und Nachahmung. Das Beherrschen unterschiedlicher Mimik und Gestik erweitert die Ausdrucksfähigkeit, wie sie u.a. für die emotionale und soziale Entwicklung unabdingbar ist. Daneben eignet sich Ihr Kind auch sprachliche Geschicklichkeit an, etwa durch die Wiedergabe von (Tier-)Lauten.

Zwischen zwei und drei entdecken Kinder die Komik der Sprache. Sie

2½ – 3 Jahre

105

Von überschäumender Fantasie und „Flunkern"

In diesem Alter haben viele Kinder eine überbordende Fantasie und erzählen mit Vorliebe Geschichten. Sagen Sie niemals „Das stimmt aber nicht" oder gar „Du flunkerst" oder „Du lügst", denn das trifft Ihr Kind im Innersten. Lügen als Lügen zu erkennen gelingt frühestens den Achtjährigen. Genießen Sie – unabhängig vom Wahrheitsgehalt – die vielen Geschichten, die Ihr Kind erzählt. Sie bekommen so einen Eindruck von seiner großen Fantasie und sprachlichen Kompetenz.

entdecken die Lust am Spiel mit Zahlen. Sie können meist schon gut bis fünf zählen, wenn das mit einer manuellen Tätigkeit verbunden ist, wenn man zum Beispiel einen Turm aus Klötzen baut. Sie sind oft in ihre Beschäftigungen völlig versunken und geistig hoch konzentriert.

Die fast Dreijährigen stellen gezielt Fragen, wenn sie etwas nicht verstehen, und fordern Wiederholungen beim Erzählen einer Geschichte. Sie können Farben und Eigenschaften vieler vertrauter Objekte und Spielsachen benennen und unterscheiden: Das ist gelb, rot, blau, grün, weiß oder schwarz, rosa oder lila. Das ist weich oder hart, groß oder klein, lang oder kurz, warm oder kalt. Auch die ästhetische Wahrnehmung wächst: schön – nicht

können sich ausschütten vor Lachen, wenn sie das Wort „abgedampft" oder „Känguru" hören, und versuchen sich bereits selbst an lustigen Erzählungen. Lachen Sie viel mit Ihrem Kind. Sie fördern damit seine Lebensfreude und das Vertrauen in sich und die Welt.

Sprach- und Lautspiel

• Sag mir, du Siebenschläfer,
• wie träumt der Maikäfer?
• Mum, mum, mum ...
• Wie lacht der Maikäfer?
• Hum, hum, hum ...
• Wie spricht der Maikäfer?
• Rum, rum, rum ...
• Wie singt der Maikäfer?
• Sum, sum, sum ...
• Wie zankt der Maikäfer?
• Brum, brum, brum ...

2½ – 3 Jahre

106

schön bzw. hässlich, wobei mit „hässlich" oft noch das Unvertraute, Fremde bezeichnet wird.

Worauf Sie achten sollten

Mögliche Alarmsignale: Ihr Kind versteht nur wenige Worte und Begriffe. Es spricht Ihnen nicht nach, wenn Sie es dazu ermuntern, und kann Mengen nicht erfassen: viele Klötze dort, ein Klotz hier. Es beherrscht nicht die Zahlen von eins bis drei und kann diese auch nicht mithilfe seiner Finger oder mit Spielobjekten zeigen. Es kann sich nicht ca. 10 Minuten auf ein Spiel oder eine Erzählung konzentrieren, es wirkt ständig gehetzt oder unruhig bzw. müde und desinteressiert.

Spieltelefone sind nur am Anfang von Interesse

◆ *Mit kleinen Aufgaben emotionale und soziale Kompetenz fördern*
Loben Sie Ihr Kind ausgiebig, wenn es die Bereitschaft zeigt, zu helfen oder zu teilen, und geben Sie ihm dazu reichlich Gelegenheit: „Du darfst den Kuchen jetzt für Anna, Paul und dich teilen." „Zeigst du Anna, wo unser Klo ist?" „Holst du den Salat aus dem Kühlschrank?" Das gibt einem Kind das Gefühl von Stärke und Verantwortung. Sie können Ihrem Kind auch kleine Aufgaben überlassen, die für die ganze Familie wichtig sind: Blumen gießen, Papierkorb ausleeren, Tassen und Teller auf den Frühstückstisch stellen.

Immer besser kann ein Kind nun die eigenen Bedürfnisse von denen seiner Eltern oder anderer Menschen trennen. Im Gegenzug müssen Eltern aber auch zeigen, dass sie Bedürfnisse haben und nicht ausschließlich die Erfüllung kindlicher Bedürfnisse im Auge haben. Sie wollen in Ruhe mit Ihrer Freundin telefonieren? Bereiten Sie Ihr Kind darauf vor: „Ich rufe jetzt Carola an, weil ich mit ihr reden will. Du darfst ‚Hallo' sagen, dann kannst du mit dem Puzzle neben mir spielen. Aber ich will dann nicht mit dir reden." Legen Sie für Telefonate oder un-

Auch beim gemeinsamen Essen bekommt Ihr Kind viel Aufmerksamkeit

Lassen Sie Ihr Kind zunächst vom Kinderarzt und eventuell von einem Logopäden oder Kinderpsychotherapeuten untersuchen. Egal, ob er etwas feststellen kann oder nicht: Geduld ist die wichtigste Fähigkeit, die wir Eltern im Umgang mit unseren Kindern üben müssen. Täglich!

Achten Sie darauf, dass Ihr Kind tagsüber weder über- noch unterfordert wird. Zu viele Unternehmungen und Ablenkungen sind genau so wenig ratsam wie Langeweile. Achten Sie darauf, dass Ihr Kind oft draußen spielen darf und Kontakt mit anderen Kindern hat.

gestörte Minuten spezielles Spielzeug bereit, das nur dann zum Einsatz kommt: ein Buch, eine kleine Puppennähmaschine, die Kiste mit Modeschmuck, Fotos oder Papas alte Boxhandschuhe. Klappt es trotzdem nicht, sagen Sie: „Dann musst du, so lange ich telefoniere, in einem anderen Zimmer spielen." Bleiben Sie trotz ständiger Unterbrechungen fest dabei – dann versteht Ihr Kind: Jetzt bin nicht ich dran, sondern Mama. Aber das dauert nicht ewig.

Geben Sie Ihrem Kind Gelegenheit, mit dabei zu sein, aber lassen Sie sich nicht durch ständige Unterbrechungen von Ihrem Vorhaben abbringen.

2½ – 3 Jahre

Emotionale Entwicklung

Interesse an der Familie

Am Ende des 3. Lebensjahres entwickelt das Kind einen ausgeprägten Familiensinn. Es sagt mit Nachdruck: „Meine Mama, mein Papa, mein Bruder, meine Schwester." Wer nicht zur Familie gehört, wird manchmal mit energischem Schubsen oder mit einem „Mag dich nicht" vertrieben. Der familiäre Kreis erweitert sich. Insbesondere Großeltern werden jetzt ins Herz geschlossen. Verwandtschaftliche Beziehungen werden hinterfragt: „Warum hab ich zwei Omas?" Wenn beide Großeltern Oma und Opa genannt werden, ist ein Kind oft verwirrt; hilfreich sind Unterscheidungen wie etwa „Omi Ruth" und „Oma Bonn". Viele Kinder glauben noch eine ganze Weile, dass ihre Mama auch Omas – ja sogar Papas Mama ist.

Liebevolle Kontakte zu den Großeltern oder zu anderen älteren Menschen in der Umgebung sind eine große emotionale und geistige Bereicherung für Kinder. Oft können Großeltern auf ganz besondere Weise auf ein Kind einge-

◆ *Spiel und Spaß mit kleinen Freunden:* *Spielgruppen sind jetzt eine wunderbare Sache, wenn Ihr Kind in einer guten Atmosphäre liebevoll betreut wird und nach einer Eingewöhnungsphase von drei bis vier Wochen und kleineren Anlaufschwierigkeiten gern hingeht. Es entlastet die Mutter und ist für ein Kind eine gute Gelegenheit, seine sozialen Fähigkeiten ohne die Gegenwart der Eltern zu üben, sich in eine Gruppe einzufügen und erste kleine Freundschaften zu knüpfen.*

Gehen Sie bei der Eingewöhnung in kleinen Schritten vor. Bleiben Sie die ersten drei Male dabei,

Geschwister und Freunde: Der Kreis wird größer

Auch Opa und Oma gehören zur Familie und werden heiß geliebt

hen und ihm etwas von der Welt mitgeben. Ältere Menschen sind in ihrem Verhalten, Weltverständnis, in ihrer Wahrnehmung und in ihrem Lebensrhythmus manchmal sogar einem Kind näher als wir Eltern. Dennoch: Am liebsten wollen die Zweieinhalb- bis Dreijährigen Mutter und Vater um sich haben und reagieren wütend, wenn die Eltern zur Arbeit müssen. Manche Kinder sind darüber so erbost, dass sie, wenn Papa

dann lassen Sie Ihr Kind eine Stunde allein in der Gruppe, halten sich aber für den Notfall in der Nähe auf. Nach weiteren drei Malen lassen Sie es zwei Stunden allein dort usw. Ganz wichtig: Schleichen Sie sich nicht fort! Verabschieden Sie sich jedes Mal, auch wenn Ihr Kind weint, und sagen Sie: „Ich gehe jetzt und bin um 12 Uhr wieder da."

2½ – 3 Jahre

abends nach Hause kommt, ihn links liegen lassen und sich demonstrativ an die Mama klammern. Natürlich wünscht sich Ihr Kind nichts mehr, als dass Papa es dann in die Arme nimmt: „Den ganzen Tag war ich ohne dich, ein Glück, dass ich jetzt wieder bei dir bin."

Großzügigkeit, Anteilnahme und Rücksicht auf die Bedürfnisse anderer Kinder wachsen nun allmählich. Es gibt aber auch immer wieder Phasen energischer Zurückweisung, von Herrschsucht und Egoismus – insbesondere in der vertrauten eigenen Umgebung. Es entfachen sich mitunter heftige Machtkämpfe darum, wo die Legotürme aufgebaut werden dürfen und ob ein anderes Kind auch Saft bekommt. Es lässt sich beobachten, dass Kinder jetzt bereits genau registrieren, wenn sie woanders zu Gast sind. Sie verhalten sich dort in der Regel zumindest die erste halbe Stunde anders als zu Hause. Laden Sie nach Möglichkeit oft andere Kinder ein und machen Sie ebenfalls Besuche in befreundeten Familien. Das Kind lernt dabei, dass in anderen Familien andere Gesetzmäßigkeiten gelten, und erweitert damit seine soziale Kompetenz.

Jüngere Kinder und Geschwister schenken ein Gefühl von Stärke

◆ *Die Pflanzenwelt hautnah erleben:* Für die seelische Entwicklung eines Kindes ist der Kontakt mit der Natur, sind Tiere, Pflanzen und Steine unendlich wichtig. Unser dreijähriger Sohn kämpfte mit seiner gleichaltrigen Freundin heftig als Ritter mit einem Holzschwert gegen meine Tomatenstauden und Johannisbeeren an. Ebenso enthusiastisch pflückten die beiden auf unserer Wiese Blumen, d.h., sie rissen sie mit Wurzel und Stiel aus der Erde, um mir anschließend ihren „Strauß", eine Hand voll Stängel,

Die fast Dreijährigen entwickeln sich nun zu Sammlern und Jägern – und durchlaufen damit eine wichtige menschheitliche Entwicklungsstufe. Sie erleben das freie und ungezügelte Spiel mit Schreien, Toben und Sich-schmutzig-machen-dürfen als etwas besonders Lustvolles. Jeder Aufenthalt in der Natur ist eine emotionale Bereicherung für ein Kind. Es wird beginnen, Pflanzen und Steine zu sammeln und mit nach Haus zu nehmen, sie zu untersuchen, zu erforschen und viele Fragen dazu zu stellen.

Wachsen im Schlaf

Ihr Kind wächst buchstäblich im Schlaf. Während es schläft, schüttet sein Gehirn Wachstumshormone aus und sein Immunsystem wird gestärkt. Im Schlaf erholt es sich und kann in seinen Träumen Tages- und Seelenerlebnisse verarbeiten. Schlafmangel wirkt sich deshalb fatal auf seine Entwicklung aus. Das Kind wird apathisch, aggressiv, verwirrt und desinteressiert, weil die Wahrnehmung beeinträchtigt ist; es verliert den Appetit, ist reizbar oder traurig.

zu bringen. Das Interesse daran, was sich bei Pflanzen unter der Erde verbirgt, ist ein Sinnbild für die Erkenntnis der eigenen „Wurzeln", wie es sich in dem wachsenden Familiensinn des Kindes im 3. Lebensjahr ausdrückt.

Sein Interesse an der Natur unterscheidet sich grundsätzlich von unserem Verständnis, wie man mit Natur umgehen sollte. Dennoch ist der enge Austausch mit Steinen, Wurzeln, Pflanzen wichtig. Jedes Kind freut sich über die Farben und vielfältigen Formen, nimmt den Duft der Blumen und Kräuter wahr und kaut begeistert auf Rosenblättern herum. Es spürt die Kraft und Schönheit der Pflanzenwelt unmittelbar und mit allen Sinnen.

Kinder, die viel in der Natur spielen, haben übrigens meiner Beobachtung nach immer einen guten Appetit, sind selten wählerisch und bevorzugen feste, herzhafte und nicht ausschließlich süße Nahrung. Das liegt wohl nicht nur daran, dass sie an der frischen Luft sind   vielmehr ist es das sinnliche Gesamtergebnis, das Kinder genießen und das Appetit macht, wobei sie sich Natur manchmal im wörtlichen Sinn ein-

2½ – 3 Jahre

Ihr Kind braucht unbedingt regelmäßigen Schlaf: nachts zwischen neun und zehn Stunden, tags ein bis zwei Stunden zumindest Ruhe. Halten Sie nach Möglichkeit auch an Wochenenden und in den Ferien an seinem Schlafrhythmus fest. Es bringt gar nichts, ein Kind erst nachts um zehn ins Bett zu bringen, damit es am Sonntagmorgen, wenn die Eltern länger schlafen wollen, nicht so früh aufwacht. Das Gegenteil ist der Fall – das Kind gerät völlig aus dem Konzept. Die meisten Kinder haben übrigens einen ganz natürlichen Sommer- und Winter-Rhythmus. Sie werden im Winter früher müde als im Sommer und erwachen später.

Traumwelten der Kinder

Kinder träumen von Anfang an – sogar schon im Leib der Mutter, wie wir heute wissen. Im 3. Lebensjahr (nicht selten auch schon früher) wird ein Kind nicht nur lebhaft träumen, sondern seine Träume auch erzählen können. Manchmal verwirrt und verängstigt, manchmal freudig. Es kann noch nicht 100-prozentig zwischen Träumen und Realität unterscheiden. Einmal erwachte unsere dritte Tochter morgens und

verleiben. Gänseblümchen, Veilchen, Rosen und vieles mehr sind, sofern ungespritzt und ungedüngt, nicht giftig.

Bäume und hohe Sträucher sind ebenfalls bedeutsam. In gewisser Hinsicht sind sie wie die Eltern: groß, stark, mächtig. Sie können einen wie Papa auf ihren starken Armen tragen. Man kann ganz mit ihnen verwachsen, indem man sich im Blattwerk verbirgt und beinahe selbst ein Baum wird.

Die 3-jährigen greifen die Pflanzen- und Tierwelt auch in ihren Bildern auf. Sie malen „Baby-Bäume", „Blumen-Mütter" und ganze „Baum-" und „Blumen-Familien". Auch hier zeigt sich ihr Interesse an Familienbanden!

Intensiver Austausch mit Pflanzen und Tieren

Bäume – so mächtig und stark wie
Mama und Papa und gut zum Klettern

machte sich auf die Suche nach einem Hasen in unserer Wohnung. Es war ihr kaum begreiflich zu machen, dass wir keinen Hasen haben, wo sie doch so sicher war, dass ein Hase in unserem Herd wohnt. Ein anders Mal erwachte sie schreiend, weil „ganz bestimmt" ein bissiger Hund namens „Bulle" in ihrem Schrank hauste.

Das intensive Verhältnis zur Natur und der Austausch mit Pflanzen, Tieren und Steinen, die ja für Ihr Kind beseelte und geistige Wesen wie Menschen sind, spiegelt sich auch in seinen Träumen wider. Tiere von überwältigender

◆ *Sich in Tieren wieder erkennen:*
Auch zwischen Tier und Kind entsteht ein innerer, lebendiger Dialog. Das Kind weiß jetzt schon, dass sich ein Tier, eine Katze oder ein Hund, zur Wehr setzen kann. Eine wichtige Erfahrung, denn das Kind erkennt auch, dass der Selbsterhaltungstrieb eines lebendigen Wesens etwas ganz Natürliches und Wichtiges ist.

Der Kontakt mit Tieren, ob mit eigenen Haustieren, während der Ferien auf dem Bauernhof oder bei einem Zoobesuch, ist auch deshalb wichtig, weil Kinder, die ja

2½ – 3 Jahre

115

Größe tauchen auf oder Pflanzen, die mit Armen nach dem Kind greifen. Im Gedicht vom „Erlkönig" ist die Traumwelt eines Kindes eindrucksvoll nachempfunden: Die verführerische Schönheit der Traumbilder einerseits und die angsteinflößende Macht der Natur und ihrer Geister andererseits.

Nehmen Sie Kinderträume ernst, d. h. nehmen Sie wahr, wie Ihr Kind sich verhält, wenn es nachts oder morgens erwacht. Stimmen Sie die ersten Stunden des Tages, wo sich manches Kind nur schwer in die Wirklichkeit findet, ein wenig auf seine Stimmung ab. Je nachdem, ob es fröhlich, laut, still oder nachdenklich und traurig erwacht. Erzählt ein Kind seinen Traum, sagen Sie nicht: „Ach, das stimmt doch gar nicht mit dem bösen Hund. Das hast du ja nur geträumt." Besser ist: „Ja, ich habe den Hund weggetrieben, weil er in deinem Schrank war. Der kommt nicht mehr. Er hat nur geknurrt, weil er Hunger hatte. Ich habe ihm zu essen gebracht und dann ist er weggegangen und war ganz lieb. Er sucht sich jetzt einen anderen Platz, wo er wohnt."

Auch Stadtkinder sollten hin und wieder Kontakt mit Tieren haben

jetzt ganz in der Nachahmung leben und bevorzugt „wilde" Tiere nachspielen, dabei ihre impulsiven, ungezügelten, aggressiven und archaischen Gefühle ausleben dürfen.

Nur auf den ersten Blick verwunderlich ist die Begeisterung, die viele Kinder für Fische empfinden. Der Fisch lebt in einem Element, das, anders als beispielsweise die Luft, das Element der Vögel, ein Kind schon ein wenig beherrschen kann. Beim Spiel im Wasser kann es sich als Fisch fühlen. Dabei erlebt es unbewusst vielleicht noch einmal die wohlige Geborgenheit des vorgeburtlichen Lebens.

Gärtnern mit Kindern

Erste kleine Pflichten: Sich jeden Tag um seine Blumen kümmern

Kinder lieben es, Pflanzen heranwachsen zu sehen – vielleicht erkennen sie darin ihre eigene Entwicklung wieder. Auch wenn Sie keinen Garten besitzen, können Sie Ihrem Kind diese Erfahrung zuteil werden lassen: Auf dem Balkon lassen sich in Töpfen, Kästen und Kübeln Tomatenpflanzen (niedrige Sorten, die kleine, süße Früchte tragen) ziehen und Bohnen säen. Auch gibt es in Gartencentern Zwergzüchtungen von Beerensträuchern und Obstgehölzen. Schnell

wachsen auch Wicken und Kapuzinerkresse; oder Sie vergraben im Frühjahr Sonnenblumenkerne in einem Topf. Überlassen Sie Ihrem Kind einen Topf oder Kasten, den es im Frühling nach Belieben mit selbstausgesuchten Tausendschönchen, Stiefmütterchen oder Primeln bepflanzen und anschließend pflegen darf.
Erinnern Sie es täglich daran, die Pflanzen zu gießen.

Blumen und Sträucher gießen – das können auch schon die Kleinsten

2½ – 3 Jahre

Verbindet Ihr Kind einen sehnlichen Wunsch mit einem Traum, wie unsere Tochter, die unbedingt einen Hasen wollte, können Sie ihm erklären: „Der Hase besucht dich bestimmt wieder im Traum. Er mag dich. Aber er möchte nicht immer in dem Herd wohnen, weil ich den doch brauche, um Kuchen zu backen. Da ist es ihm viel zu heiß. Er lebt lieber auf einer schönen grünen Wiese mit viel Klee."

Worauf Sie achten sollten

Mögliche Alarmsignale: Ihr Kind kann sich nicht für kurze Zeit ohne Sie beschäftigen – es hängt ausschließlich an Ihnen, klammert sich förmlich an Sie und verweigert den Kontakt mit anderen Kindern oder Erwachsenen (nicht damit gemeint sind Trennungssituation, wenn Sie Ihr Kind einem neuen Babysitter überlassen müssen). Das Kind hat langanhaltende Phasen von Gleichgültigkeit und Traurigkeit, wirkt verschlossen. Es lacht und lächelt kaum. Auch übermäßige Aggressionen sind ein Anlass, Rat zu holen: Ihr Kind zerstört mutwillig immer wieder Spielzeug, auch solches, das es eigentlich mag. Es zerschlägt Geschirr, verletzt wiederholt sich

◆ *Fischers Fritze ... Beinahe alle Kinder begeistern sich jetzt für das Fischen. An einen Stock wird eine Schnur und eventuell ein Korken als Schwimmer befestigt – und los geht's. „Fischer-Kinder" können lange und in einer beinahe meditativen Haltung verharren. Sie kommunizieren mit dem Fisch, und dies ist etwas Wunderbares und vollkommen Friedliches. Sie werden Ihr Kind anschließend als ausgesprochen freundlich erleben. Sprechen Sie also möglichst nicht von Töten oder der Brutalität des Walfischfangs, denn Ihr Kind erlebt etwas völlig anderes, wenn es eine Schnur ins Wasser baumeln läßt.*

◆ *Faszination der Steine: Steine ziehen viele Kinder jetzt ebenfalls in ihren Bann. Sie sind, anders als Pflanzen, etwas Festes, Stabiles, Unvergängliches. Sie verändern nicht ihr Aussehen, es sei denn, man malt sie an oder zerschlägt sie mit einem Hammer.*

Die Psychoanalytikerin Françoise Dolto meint, dass bei der Betrachtung und beim Spiel mit Steinen ein Kind das erste Mal mit der Vergänglichkeit konfrontiert wird. Deshalb ist das Interesse und die

Sinnvolles Spielzeug

Alles, was die Fein- und Grobmotorik fördert

- Neben Mal- und Bastelmaterial, großflächigen Puzzles aus stabilem Material, großen Legos, können Sie jetzt auch Kisten und Kästchen in verschiedenen Größen anschaffen, Pappkartons und Papier in großen Mengen

- Schnüre und große Holzperlen zum Auffädeln, Puppenkleider und Puppenmöbel (nicht zu klein)

- Stabiles, großes Sand- und Handwerksspielzeug aus Blech bzw. Holz

- Holz-Eisenbahn und kleinere Autos

- Schaukel, vielleicht sogar eine kleine Holzrutsche und ein Trampolin, das man im Garten oder Zimmer aufstellen kann

- Kissen, Decken, leichte Spanholzbretter, um Zelte und Häuser zu bauen

Die Puppenstube: Ihr Kind richtet sich jetzt auch seiner Welt und Familie ein

Sammelleidenschaft für Steine (oder Muscheln) in diesem Alter enorm wichtig. Denn tatsächlich beginnen die fast Dreijährigen nun nach dem Tod zu fragen. Sie wollen wissen, was „tot sein" ist und wie es sich anfühlt. Sie erleben Tod auch, wenn wir sagen, dass eine Blume, die aus der Erde herausgerissen wird, nicht mehr lebt. Das Kind sieht selbst, wie im Herbst die Natur stirbt, wie nach ein paar Tagen die Blumen in der Vase verwelken und weggeworfen werden. Es nimmt wahr, dass die Ameise, die es mit dem Finger zerdrückt, nicht mehr herumläuft.

2½ - 3 Jahre

selbst und andere Kinder. In der Natur, im Kontakt mit Erde, Wasser, Pflanzen, Tieren empfindet es Angst oder wirkt gleichgültig. Ein mehrwöchiges „Intensivprogramm" kann bei so genannten „schwierigen" Kindern oft Wunder bewirken und Trauer, Wut, Einsamkeit und Gleichgültigkeit heilen.

Schenken Sie jeden Tag einige Stunden exklusiv Ihrem Kind – im Moment gibt es für Sie beide nichts Wichtigeres. Wecken Sie es morgens mit einer Umarmung und einem Lied. Unternehmen Sie jeden Tag etwas: Spazieren oder Schwimmen gehen, Entenfüttern, gemeinsam Kochen. Hören Sie ihm aufmerksam zu, was es ihnen mit Blicken, Gesten, Worten sagen will. Schimpfen und kritisieren Sie es so wenig wie möglich.

Lassen Sie den Tag friedlich ausklingen und bleiben Sie abends noch eine halbe Stunde an seinem Bett sitzen. Zum Plaudern, Kuscheln, Kichern. Mit einem Gute-Nacht-Ritual helfen Sie Ihrem Kind über die Hürde zwischen Tag und Nacht. Betrachten Sie Ihr schlafendes Kind und schicken Sie ihm liebe Gedanken.

Françoise Dolto: „Sobald es bemerkt, dass seine Finger Herr dieser Tiere sind, dass es sie zerdrücken kann und sie sich dann nicht mehr bewegen, empfindet es Vergnügen und Angst zugleich. Denn durch das Tier entdeckt ein Kind den Tod und ebenso den Stillstand der Bewegung."

Ein Dreijähriges kann den Tod der Eltern noch nicht zulassen, aber es kann im Kontakt mit einem Haustier, das vielleicht stirbt, oder beim Anblick eines überfahrenen Igels Vergänglichkeit als etwas Natürliches und nicht Bedrohliches erkennen. Allerdings nur, wenn man nicht sagt: „Siehst du, wenn man nicht aufpasst, wird man wie der Igel überfahren." Sondern: „Der Igel wusste nicht, wie man über die Straße kommt, deshalb ist er überfahren worden. Aber die Igelmutter wird bald ein neues Igelbaby bekommen." Niemals sollte ein Kind mit einer schrecklichen Vorstellung vom Tod konfrontiert werden, sondern damit, dass der Tod in den Kreislauf des Lebens gehört.

Besuchen Sie mit Ihrem Kind einmal einen schönen alten Friedhof mit romantisch-verwitterten Grabsteinen. Es gibt beinahe in jeder

2½ – 3 Jahre

Motorik und Feinmotorik

Ihr Kind liebt das Pritscheln im Waschbecken und will allmählich auch seine Intimsphäre respektiert wissen. Assistieren Sie jetzt nur noch beim Waschen und Zähneputzen. Vieles kann Ihr Kind schon allein oder will es lernen.

Weit verbreitet ist es, Kinder jeden Abend in ein warmes Bad zu stecken. Das führt allerdings dazu, dass manche völlig erschöpft aus der Wanne kommen und danach gar nicht oder nur mit wenig Appetit essen. Das wiederum hat zur Folge, dass sie wenig später von Hunger geplagt aus dem Bett springen.

Das allabendliche Vollbad ist überflüssig und auch unter hygienischen Gesichtspunkten eher kontraproduktiv. Besser ist eine kurze, warme Dusche. Täglich sollten Hände, Gesicht, Po und Füße gewaschen und zweimal täglich die Zähne geputzt werden. Gewöhnen Sie ihr Kind ans „Kneippen". Beginnen Sie damit im Sommer. Nach der Dusche, dem Bad kurz (!) mit einem kalten Strahl Füße und Waden sowie Hände und Unterarme abbrausen.

Stadt einen, der als Park und Spielplatz genutzt werden darf.

Erzählen Sie Ihrem Kind, dass die Grabsteine zur Erinnerung an Menschen aufgestellt wurden, die jetzt bei Gott wohnen und deren Körper wie ein Kleid, das man nicht mehr braucht, hier in der Erde ruht. Auch wenn Sie nicht an Gott glauben (oder aber von der Existenz der Hölle überzeugt sind): Machen Sie ihrem Kind niemals Angst. Weder vor dem alles verschlingenden Nichts noch vor dem Fegefeuer. Erklären Sie ihm Sterben und Tod als einen sanften, natürlichen Vorgang: „Wenn ein Mensch stirbt, schläft er ein und erwacht kurz darauf in den Armen Gottes, eines Engels oder im Paradies."

Seien Sie nicht geschockt, wenn Ihr Kind irgendwann mal „tot sein" spielt und sich mit geschlossenen Augen ganz still auf den Boden legt. Über dieses Rollenspiel macht es sich mit den schwer fassbaren Vorgängen des Lebens vertraut. Spielen Sie mit. Erst kann man ein bisschen „weinen", dann aber entschlossen sagen: „Jetzt küsse ich mein Dornröschen/meinen Prinzen wieder wach."

2½ – 3 Jahre

Medien – sinnvoller Umgang mit virtuellen Welten

Ihr Kind ist in eine Medienwelt hineingeboren worden und wird in ihr aufwachsen. Es wird lernen müssen, mit vielen, sehr unterschiedlichen Medien zu leben und umzugehen, es wird sie beruflich und privat dringend brauchen. Wir können also nicht so tun, als lebten wir wie die glückliche Schäfersfamilie im Märchen.

Die entscheidende Frage ist, wann Kinder mit diesen Medien vertraut gemacht werden sollten. Ich meine, auf jeden Fall noch nicht jetzt, und schon gar nicht, um ein Kind in seiner Entwicklung zu fördern. Fernsehen, Video, Computerspiele, Kassetten und Radio haben für die Altersgruppe der bis zu Sechsjährigen keinerlei Wert – weder einen erzieherischen, noch einen intelligenzfördernden oder normenbildenden, egal, was geboten wird und welches pädagogisches oder psychologisches Konzept dahinter steht.

Wenn Ihr Kind hin und wieder einen Blick auf Fernseher oder Computerbilder erhascht, so hat dies mit Sicherheit kaum eine Wirkung auf seine persönliche Entwicklung oder Psyche. Mit anderen Worten: Es ist harmlos. Aber überlegen Sie es sich gut, ob Sie jetzt schon die tägliche halbe Stunde Kinderprogramm genehmigen. Ein Kind profitiert davon nicht, höchstens seine Eltern, die mal „ihre Ruhe" haben wollen.

Der Oxforder Wissenschaftler Neil F. Young fand heraus, dass Kinder durch frühes Fernsehen im späteren Schulalter „die Abstraktion der Sprache, das kritische Denken und die Mathematik schnell lästig" finden. Sie sind süchtig nach Reizen, die ihr physisches System unmittelbar und negativ beeinflussen. Ihr „neurologisches System ist nicht auf das Lernen von Begriffen vorbereitet wie es das durch spontanes Spielen und Geschichtenerzählen entwickelt werden könnte". Damit nicht genug. Durch das fast hypnotische Starren auf den Bildschirm wird die Augenmotorik stark eingeschränkt. Das Fernsehbild ist völlig flach, also ohne Entfernungsunterschiede in der Tiefendimension. Dadurch werden zwangsläufig Entfernungssehen und räumliches Sehen nicht geübt. Die Fähigkeiten der Raumerfassung, des Raumvorstel-

lungsvermögens und des Raumbe-
wusstseins werden beeinträchtigt.
Fernsehbilder sind relativ licht-
schwach und kontrastarm. Deshalb
wird die Irismuskulatur der Augen
während einer Anlaufzeit von 20 Minuten zu eingeschränkter Tätigkeit
gezwungen, die Netzhaut stärker
sensibilisiert. Das führt zu einem er-
höhten Verbrauch von Vitamin A
(nach Werner Glogauer: „Die neuen
Medien verändern die Kindheit",
Deutscher Studienverlag).
Ein Kind braucht wirkliche, nicht
künstliche Welten: Es muss sich bewegen können, riechen, hören, anfassen, schmecken. Es braucht unmittelbare Erlebnisse und Erfahrungen, um sein Leben zu gestalten
und einmal meistern zu können. Es
will „das pralle Leben", unmittelbar,
sinnlich spürbar. Deshalb denken
Sie daran: Mit jedem Spaziergang,
mit jedem Spiel, mit dem Teilhaben-
Lassen an jeder noch so alltäglichen
Verrichtung erweisen Sie Ihrem Kind
einen weitaus größeren Dienst,
als wenn Sie es vor dem Fernseh-
gerät oder dem Radio „zwischen-
parken"!

2½ – 3 Jahre

Adressen, die weiterhelfen

Bundesarbeitsgemeinschaft
Mütter- und Familien-
selbsthilfe e. V.
Einsteinstr. 111
81675 München

Mütterzentren
Bundesverband e. V.
Müggenkampstr. 30a
20257 Hamburg

Verband allein stehender
Mütter und Väter
Von-Groote-Platz 20
53173 Bonn

Beratung für Getrennte
und Geschiedene
Gotenstr. 27
53175 Bonn

Bundesarbeitsgemeinschaft
zur Förderung verhaltens- und
bewegungsauffälliger Kinder
und Jugendlicher
Fischtorplatz 17
55116 Mainz

Arbeitskreis überaktives Kind
Dieterichstr. 9
30159 Hannover

Deutscher Allergie-
und Asthmabund e. V.
Hindenburgstr. 110
41061 Mönchengladbach

Deutsche Haut- und
Allergiehilfe e. V.
Gotenstraße 164
53175 Bonn

Arbeitsgemeinschaft
Allergiekrankes Kind e. V.
(Asthma, Ekzeme,
Heuschnupfen)
Nassaustr. 32
35745 Herborn

Kindernetzwerk e. V.
(Kontakte für Eltern mit
chronisch kranken Kindern)
Hanauer Str. 15
63739 Aschaffenburg

Bundesgemeinschaft
der Eltern und Freunde
hörgeschädigter Kinder
Pirolkamp 18
22397 Hamburg

Giftnotruf (mit speziellem Zentrum für Kinder)
Berlin 030/19240
Bonn 0228/2873211
Freiburg 0761/19240
ansonsten bundeseinheitlicher
Gift-Notruf: 030/19240

Aktionskomitee Kind im Krankenhaus e.V.
Kirchstr. 34
61440 Oberursel

Mobile Kinderkrankenpflege
Freiligrathstr. 35
60385 Frankfurt/Main

Deutsche Gesellschaft für Ernährung e. V.
Im Vogelgesang 40
60488 Frankfurt/Main

Ernährungsberatungsservice
Unteranger 1
82327 Tutzing

ANAD Beratungsstelle für Essstörungen
Rottmannstr. 5
80333 München

Bücher zum Weiterlesen

Hans-Christof Berger,
Katharina-Maria Berger:
**Kranke Kinder ganzheitlich
behandeln** (TRIAS Verlag)

Barbara Coloroso:
Was Kinderseelen brauchen
(Südwest Verlag)

Françoise Dolto:
Kinder stark machen (Beltz)

Wolfgang Goebel, Michaela Glöckler
**Kindersprechstunde. Ein medizi-
nisch-pädagogischer Ratgeber**
(Urachhaus)

Xenia Frenkel:
**Was sucht die Bananenschale
unterm Bett?** (Herder)

Xenia Frenkel:
Kindern Werte mitgeben
(Herder)

Volker Friebel:
**Kinder entspannen mit den
Gesängen der Wale**
CD mit Booklet (TRIAS Verlag)

Marion Hermann-Röttgen:
Unser Kind spricht nicht richtig
(TRIAS Verlag)

Samy Molcho:
Körpersprache der Kinder
(Mosaik Verlag)

Herbert L. Needleman:
**Umweltgifte: So schützen
Sie Ihr Kind**
(TRIAS Verlag)

Jirina Prekop:
Der kleine Tyrann (Kösel)

Jirina Prekop:
**Schlaf, Kindlein –
verflixt noch mal** (Kösel)

Christel Schweizer,
Jirina Prekop:
**Was unsere Kinder
unruhig macht**
(TRIAS Verlag)

Thomas Seiler:
**Erste Hilfe leisten bei Babys
und Kleinkindern** (TRIAS Verlag)

Katharina Zimmer:
Versteh mich doch bitte (Kösel)

Katharina Zimmer:
Wenn Eltern laufen lernen
(Mosaik Verlag)

Stichwortverzeichnis